듣고 행하라 하신
산상수훈

듣고 행하라 하신 산상수훈

지은이 | 정성진
펴낸이 | 원성삼
책임편집 | 김지혜
표지 및 본문디자인 | 한영애
삽화 | 목미경, 정나은
펴낸곳 | 예영커뮤니케이션
초판 1쇄 발행 | 2016년 9월 12일
등록일 | 1992년 3월 1일 제2-1349호
주소 | 136-825 서울시 성북구 성북로6가길 31
전화 | (02)766-8931
팩스 | (02)766-8934
홈페이지 | www.jeyoung.com

ISBN 978-89-8350-954-3 (03230)

본 저작물은 저작권법에 의하여 한국 내에서 보호를 받는 저작물이므로
무단 전재와 무단 복제를 금합니다.

값 11,000원

이 도서의 국립중앙도서관 출판예정도서목록(CIP)은 서지정보유통지원시스템 홈페이지(http://seoji.nl.go.kr)와 국가자료공동목록시스템(http://www.nl.go.kr/kolisnet)에서 이용하실 수 있습니다.(CIP제어번호: CIP2016021375)

모든 인간은 하나님의 형상을 닮은 존엄한 존재입니다. 전 세계의 모든 사람들은 인종, 민족, 피부색, 문화, 언어에 관계없이 존귀합니다. 예영커뮤니케이션은 이러한 정신에 근거해 모든 인간이 존귀한 삶을 사는 데 필요한 지식과 문화를 예수 그리스도의 사랑으로 보급함으로써 우리가 속한 사회에 기여하고자 합니다.

듣고 행하라 하신
산상수훈

정성진 지음

The door will be opened.

| 머리말 |

고려의 수도인 개성(개경)에서 북쪽으로 올라가면 평양 대동강변에 '부벽루浮碧樓'라는 곳이 있습니다. 이곳에서 바라보는 능라도綾羅島는 당대의 절경絶景으로 유명했습니다. 시인詩人과 묵객墨客들이라면 한번쯤 부벽루에 올라 능라도를 바라보며 시 한 수를 읊는 것이 소원일 정도로 그곳의 경관은 빼어났습니다. 고려 예종 때, 시작詩作에 있어 해동 일인자로 손꼽혔던 한림학사 '김황원金黃元, 1045-1117'도 부벽루에 오르게 되었습니다. 그가 부벽루에 올라 보니 수많은 시인들이 앞서 남기고 간 시詩들이 붙어 있었습니다. 그것들을 하나하나 읽어 보니 한심하기 짝이 없었습니다. "아니, 이렇게 아름다운 광경을 보고 이 정도 밖에 시를 쓸 줄 모르다니! 이런 시는 아름다운 풍경을 모독하는 것이다!" 이렇게 생각하고는 그 시들을 전부 떼어 버렸습니다. 그리고서는 부벽루에 정좌하

팔복교회
(The Church of the Beatitudes)

듣고 행하라 하신 산상수훈 …

고 앉아, 유유히 흘러가는 강물과 멀리 보이는 산을 보면서 시상을 떠올리기 시작했습니다.

부벽루에서

김황원

長城一面 溶溶水
긴 성벽 한쪽으로 넘실넘실 강물이 흐르고
大野東頭 點點山
큰 들판 동쪽 머리에는 띄엄띄엄 산이로다

그런데 여기까지 쓰고서 더 이상 시상詩想이 떠오르지 않는 것이었습니다. 자연경관이 너무 빼어나고 아름다워 그 기氣에 눌린 것인지 더 이상 시를 잇지 못했습니다. 머리를 쥐어짜고 진땀을 흘리는 가운데 어느덧 해가 서산마루에 걸려 어두워졌고, 더 이상 경관을 볼 수 없게 되었습니다. 결국 김황원은 눈물을 흘리고 부벽루를 내려올 수밖에 없었다는 '전설'이 지금도 굽이치는 대동강을 따라 흐르고 있습니다.

마태복음 5-7장은 예수님께서 '산 위에 올라 제자들에게 가르쳐 주신 말씀'이라 하여 산상수훈山上垂訓이라고 합니다. 산상수훈은 부벽루에서 바라보는 대동강 경관처럼 성경 말씀 중에서도 가장 빼어난 가르침입니다. 그래서 '산상보훈山上寶訓'이라고도 합니다. 이 보배와 같은 산상수훈을 저는 제일 좋아합니다. 그런데 목회를 시작한 후 17년이 지나도록 이 귀한 말씀을 연속으로는 설교해 본 적이 없습니다. 왜냐하면 너무 귀한 말씀을 자칫 잘못 전하지는 않을까 하는 두려움이 있었기 때문입니다. 고려 시인 김황원처럼 호기롭게 시작했다가 제대로 마치지 못할까 봐 감히 붓을 들지 못한 것입니다. 옛말에 "오르지 못할 나무는 쳐다보지도 말라."고 하지 않았습니까? 젊은 시절 너무 좋아하는 이성을 만났을 때, 오히려 프로포즈도 하지 못한 채 떠나보낸 추억들이 있을 것입니다. 산상수훈에 대해서 이런 감정이 저에게 있었습니다. 그래서 오랜 망설임 끝에 기도하고 심호흡을 한 후에 도전하기로 작정했습니다. 사랑하는 독자 여러분들도 사모하는 마음으로 기도하며 산상수훈의 깊은 진리를 묵상하는 시간이 되기를 바랍니다. 특별히 신학적으로 부족한 부분을 감수해 주신 김태섭 교수(평택대 신학과)께 감사드립니다.

거룩한빛광성교회
정성진 담임 목사

| 목차 |

머리말   4
서문 하나님 나라   9

마태복음 5장

팔복   14
하늘 맛 나는 세상   22
빛의 자녀들   29
진정한 개혁   36
혹시 살인하지 않으셨습니까?   42
몸속을 파고드는 죄   49
내 입술에 주의 진리를 채우소서   56
이렇게 살 순 없을까?   62
사랑은 닮는 것을, 님처럼 살으리라   69

마태복음 6장

외식 산업에 종사하십니까?   80

하나님과 멀어지는 기도 86
당신은 누구에게 기도하십니까? 94
하나님을 위해 드리는 기도 102
우리에게 귀 기울이시는 하나님 111
용서는 사는 길입니다 119
禁食, 굶식, 金食 126
하나님과 재물 136
거룩한 고민 145

마태복음 7장

비난 대신 거룩한 삶으로 156
기독교는 기도교(祈禱敎) 164
황금보다 빛나는 인생 172
생명의 길 181
결론은 행함입니다 189

| 서문 |

하나님 나라

교회의 사명은 교세의 확장이 아니라, 하나님 나라의 확장이다

예수님께서 선포하신 공생애 첫 메시지는 바로 '천국(天國)의 도래'였습니다. "회개하라 천국이 가까이 왔느니라(마 4:17)." 이와 동일한 말씀을 마가복음은 "때가 찼고 하나님의 나라가 가까이 왔으니 회개하고 복음을 믿으라(막 1:15)."고 기록합니다. 마태복음 4장 17절과 마가복음 1장 15절을 비교해 보면, '천국'은 곧 '하나님 나라'와 같은 개념이라는 점을 알 수 있습니다.

> 회개하라 천국이 가까이 왔느니라(마 4:17).
> 이르시되 때가 찼고 하나님의 나라가 가까이 왔으니 회개하고 복음을 믿으라 하시더라(막 1:15).

예수님께서 말씀하신 산상수훈을 해석하기 위해서도 '천국(하나님 나라)'에 대한 이해가 중요합니다. 산상수훈의 첫머리에 등장하는 '팔복' 중 그 첫 번째가 '천국'에 대한 약속이기 때문입니다. "심령이 가난한 자는 복이 있나니 천국이 그들의 것임이요(마 5:3)." 한국 교회에서 '천국' 혹

은 '하나님 나라'는 죽어서 가는 '사후 세계'의 의미로 곧잘 받아들여지고 있습니다. 물론 하나님 나라의 내세적^{來世的} 차원을 인정해야 하지만, 문제는 이것이 전부라고 할 때에 예수님께서 말씀하신 하나님 나라의 현재적^{現在的} 차원을 이해하기 어려워집니다.

내가 하나님의 성령을 힘입어 귀신을 쫓아내는 것이면 하나님의 나라가 이미 너희에게 임하였느니라(마 12:28).

이처럼 예수님께서는 '이미 임한' 하나님 나라를 선포하셨습니다.

하나님의 나라는 볼 수 있게 임하는 것이 아니요. 또 **여기 있다 저기 있다고도 못하리니** 하나님의 나라는 너희 안에 있느니라(눅 17:20b–21).

위의 누가복음 말씀을 보면, 하나님 나라의 핵심은 '여기' 혹은 '저기'라는 공간^{空間}의 개념이 아님을 알 수 있습니다. 기독교에서 말하는 '현재적' 하나님 나라(천국)는 무릉도원^{武陵桃源}이나 별천지^{別天地} 같은 유토피아의 공간이 아니라는 말씀입니다. 대신에 예수님께서는 <u>하나님 나라가 우리 안에 있다</u>고 말씀하십니다. 그렇다면 어떻게 하나님 나라가 우리에게 임할 수 있을까요? 그것은 주기도문을 통해서 알 수 있습니다.

당신의 나라가 임하옵시며

(ἐλθέτω ἡ βασιλεία σου)

듣고 행하라 하신 산상수훈 …

당신의 뜻이 이루어지이다, 하늘에서와 같이 땅에서도(마 6:10)*

(γενηθήτω τὸ θέλημά σου, ὡς ἐν οὐρανῷ καὶ ἐπὶ γῆς)

여기 주기도문에서 예수님이 말씀하신 '당신의 나라'는 곧 '하나님 나라(천국)'를 의미합니다. 우리는 '내가 죽어서 하나님 나라(천국)에 간다.'라고 생각하는데, 주기도문은 분명히 하나님 나라가 이 땅에 임한다고 말씀하십니다. 어떻게 하나님 나라가 임하는 것일까요? 주기도문의 다음 구절이 그 의미를 해석해 주고 있습니다. "당신의 뜻이 이루어지이다, 하늘에서와 같이 땅에서도(마 6:10b)." '하나님 나라가 임하는 것'은 곧 '하나님의 뜻이 이 땅에서 이루어지는 것'이란 점을 주기도문은 말해 주고 있습니다. 다시 말해서 하나님의 나라는 <u>하나님의 뜻이 구현되는 그분의 '통치'</u>를 골자로 합니다. 그렇기 때문에, 공간적인 차원에 치우친 천국 혹은 하나님 나라의 이해는 그 본질을 놓치기가 쉽습니다. 하나님 나라(천국)의 핵심은 '공간'이 아니라 '통치'입니다. 다시 말해서, 내(우리) 안에 하나님의 뜻이 이루어지고 그분께서 나(우리)를 다스리실 때에 하나님 나라는 내 안에, 우리 가정에, 우리 교회와 이 땅 가운데 임할 수 있습니다.

그렇다면 어떻게 하나님의 뜻(통치)이 이루어질 수 있을까요? 예수님의 말씀을 다시 상기할 필요가 있습니다.

내가 하나님의 성령을 힘입어 귀신을 쫓아내는 것이면 하나님의 나라가 이미 너희에게 임하였느니라(마 12:28).

---

* 우리가 예배 시에 외우는 주기도문이 아닌 원어(原語)의 내용과 어순을 최대한 반영하여 번역하였습니다.

　다름 아닌 '성령'으로 말미암아 사탄의 뜻과 통치는 무너지고 하나님의 나라가 임하게 됩니다. 2천 년 전, 예수님께서는 '지상 사역'을 마치시고, 하늘 보좌에서 '천상 사역'을 하고 계십니다. 그리하여 약속하신 성령을 그분의 제자들에게 보내시어 사탄의 통치와 왕국을 무너뜨리시고, 하나님 나라를 세워 가십니다. 이 거룩한 영적 전쟁에 예수님께서는 우리를 부르셨습니다. 이 전쟁은 혈과 육에 속한 싸움이 아니기에, 우리의 힘과 열심만으로는 사탄의 통치를 대적하고 하나님 나라를 세워 갈 수 없습니다. 성령님께 우리 마음과 몸을 내어 드릴 때, 우리는 성령님의 군사가 되어 사탄의 권세를 물리치고 하나님 나라를 이 땅 가운데 세워 갈 것입니다.

마태복음 5장

너희는 세상의 소금이니 소금이 만일 그 맛을 잃으면
무엇으로 짜게 하리요 후에는 아무 쓸 데 없어
다만 밖에 버려져 사람에게 밟힐 뿐이니라(마 5:13).

팔복

•
•
•

1. 심령이 가난한 자는 복이 있나니 천국이 그들의 것임이요

(Μακάριοι οἱ πτωχοὶ τῷ πνεύματι, ὅτι αὐτῶν ἐστιν ἡ βασιλεία τῶν οὐρανῶν)

2. 애통하는 자는 복이 있나니 그들이 위로를 받을 것임이요

(μακάριοι οἱ πενθοῦντες, ὅτι αὐτοὶ παρακληθήσονται)

3. 온유한 자는 복이 있나니 그들이 땅을 기업으로 받을 것임이요

(μακάριοι οἱ πραεῖς, ὅτι αὐτοὶ κληρονομήσουσιν τὴν γῆν)

4. 의에 주리고 목마른 자는 복이 있나니 그들이 배부를 것임이요

(μακάριοι οἱ πεινῶντες καὶ διψῶντες τὴν δικαιοσύνην, ὅτι αὐτοὶ χορτασθήσοντα)

5. 긍휼히 여기는 자는 복이 있나니 그들이 긍휼히 여김을 받을 것임이요

(μακάριοι οἱ ἐλεήμονες, ὅτι αὐτοὶ ἐλεηθήσονται)

6. 마음이 청결한 자는 복이 있나니 그들이 하나님을 볼 것임이요

(μακάριοι οἱ καθαροὶ τῇ καρδίᾳ, ὅτι αὐτοὶ τὸν θεὸν ὄψονται)

7. 화평하게 하는 자는 복이 있나니 그들이 하나님의 아들이라 일컬음을 받을 것임이요

(μακάριοι οἱ εἰρηνοποιοί, ὅτι αὐτοὶ υἱοὶ θεοῦ κληθήσονται)

듣고 행하라 하신 산상수훈 …

8. 의를 위하여 박해를 받은 자는 복이 있나니 천국이 그들의 것임이라

(μακάριοι οἱ δεδιωγμένοι ἕνεκεν δικαιοσύνης, ὅτι αὐτῶν ἐστιν ἡ βασιλεία τῶν οὐρανῶν)

팔복은 하늘의 복을 이야기하지만 이다음에 천국에 들어가서 받을 복이 아니라 지금 이 땅에서 받을 복을 의미합니다. 천국은 이다음에 들어가는 것이 아니라 예수를 구세주로 영접한 사람들의 심령에 이미 임했기 때문입니다. 그래서 우리가 하나님의 통치 가운데 살아간다면, 우리는 이 땅에서 천국을 맛보는 삶을 살게 될 것입니다.

하늘나라의 복

팔복의 구조構造를 살펴보면, '천국'이 처음(제1복)과 마지막(제8복)에서 반복되고 있다는 사실을 알 수 있습니다. 이러한 구조를 '수미쌍관首尾雙關, 인클루지오[inclusio]' 구조라고 합니다. 수미쌍관 구조에서는 처음과 끝에서 반복된 개념이 그 본문의 가장 중요한 주제가 됩니다. 따라서 팔복의 핵심은 '천국' 곧 '하나님 나라'입니다. 예수님께서는 심령이 가난한 자와 의를 위하여 박해를 받은 자가 천국을 얻게 된다고 말씀하십니다. 그런데 여기서 흥미로운 점은 제2복(위로를 받을 것임이요)부터 제7복(하나님의 아들이라 일컬음을 받을 것임이요)은 미래시제로 되어 있는 반면에, 제1복과 제8복에서 약속하는 '천국'은 현재시제 ἐστιν[에스틴]로 되어 있다는 사실입니다. 다시 말해서 성도들은 먼 미래가 아닌, 이 땅에서 천국을 누릴 수 있다는 뜻입니다.

그렇다면 '심령이 가난한 자'와 '의를 위하여 박해를 받는 자'는 어떤 의미일까요? 우선 심령이 가난한 것은 '세상에 대한 집착이 비워진 마음

<u>상태</u>'를 의미합니다. 우리의 마음이 세상의 명예, 재물, 인기에 집착하는 마음으로 가득 차 있다면, 천국 곧 '하나님의 통치'를 받기 어렵다는 것입니다. 예를 들어 재물에 집착하는 사람은 재물에 끌려 다닙니다. 그러면서 자기가 원하는 재물을 얻기 위해 하나님을 조종하려고 달려듭니다. 이러한 모습은 바른 신앙의 자세가 아닙니다. 세상 사람들이 원하는 천국은 자신의 뜻이 관철되고 성취되는 곳입니다. 그들이 원하는 신神도 자신들의 욕구에 맞추어 줄 램프의 요정입니다. 그러나 기독교에서 말하는 천국은 내 뜻이 관철되는 것이 아니라 하나님의 뜻이 이루어지는 것입니다. 내 맘대로 하나님을 조종하는 것이 아니라, 내가 하나님의 다스림을 받는 것이 천국입니다. 그렇기 때문에, 하나님의 인도하심을 받지 않고, 재물, 사람, 명예에 끌려 다니고, 세속적인 욕망들로 마음이 가득 찬 사람들은 이 땅에서 결코 천국을 맛볼 수 없습니다.

제8복은 '의를 위하여 박해를 받는 자'에게 천국을 약속하십니다. 여기서 말하는 의義 righteousness는 어떤 의미일까요? 우선 의義의 반대 개념인 죄罪를 생각해 봅시다. 물론 성경에서 죄罪는 도덕적·법정적 죄를 의미합니다. 그런데 우리가 '인간은 누구나 죄 아래 태어났다.'라고 선언할 때, 여기서 말하는 죄는 단순한 도덕적 죄를 넘어섭니다. 그것은 하나님과의 관계가 끊어진 인간의 실존을 의미합니다. 아담의 죄로 말미암아 그의 후손인 인류는 하나님과의 관계가 끊어진 상태에서 태어나게 된다는 뜻입니다. 따라서 화목제물이신 예수로 말미암아 죄인에서 의인으로 거듭났다는 것은 하나님과의 끊어졌던 관계가 회복되었다는 사실을 의미합니다. 따라서 성경에서 사용된 '의'는 도덕적·법정적 의義를 의미할 때도 있지만, 근본적으로는 관계적 의義를 뜻합니다. 다시 말해서 <u>하나님과의 바른 관계를 의義</u>라고 합니다.

사탄은 우리와 하나님과의 관계를 왜곡시키기 위해 시험, 유혹, 핍박을 합니다. 이러한 사탄의 계략과 위협에 굴복하면, 우리를 통해 천국, 곧 하나님의 뜻이 이루어질 수 없습니다. 예를 들어 보디발의 아내가 요셉을 유혹했을 때, 요셉은 "어찌 내가 하나님께 죄를 지을 수 있겠느냐!"(창 39:9)고 그 유혹을 단호히 뿌리쳤습니다. 이로 인해 억울하게 누명을 쓰고 핍박을 당했지만, 하나님은 결국 요셉을 통해 만민의 생명을 구원하시는 그분의 뜻을 이루셨습니다(창 50:20). 이처럼 성도는 핍박과 유혹 가운데서도 하나님과의 바른 관계를 붙들 때에 승리하게 되고, 하나님의 뜻이 나를 통해 이루어지는 하나님 나라를 경험할 수 있습니다. 팔복八福의 수미쌍관 구조를 통해 강조되는 하나님 나라(천국), 곧 하나님의 통치는 심령이 가난한 자와 의를 위해 핍박도 감수하는 자들을 통해서만 성취될 수 있습니다. 우리가 세상에 대한 집착을 내려놓고 어떤 상황에서도 하나님과의 바른 관계를 붙든다면, 하늘의 세계가 이 땅 가운데 풀어지는 귀한 도구로 쓰임 받게 될 것입니다. 이것이 우리가 이 땅에서 맛보아야 할 하늘나라의 복입니다.

역설적 진리

기독교는 역설逆說의 종교입니다. 예수님이 선포하신 팔복은 많은 역설을 담고 있습니다. 세상은 가난, 애통, 핍박, 주림과 목마름 등을 '불행'이라고 표현합니다. 그런데 예수님은 역설적으로 가난한 자, 핍박받는 자, 주리고 목마른 자, 애통하는 자가 복이 있다고 선언하십니다. 역설逆說이란 언뜻 보기에는 진리와 모순되는 것 같으나, 사실은 그 속에 깊은 진리를 품고 있는 말을 의미합니다. 이러한 역설적 진리는 우리가 '예수님의 가치'를 진정으로 알 때, 비로소 깨닫게 됩니다.

예를 들어, 아무리 비싼 그릇이라도 그 안에 오물이 담겨 있다면, 그것은 요강에 불과합니다. 그러나 아무리 질그릇이라 할지라도 그 안에 금덩어리가 담겨 있으면, 그것은 귀한 보물단지가 되는 것입니다. 세상의 그 무엇보다 크신 예수님이 우리 안에 찾아오셨습니다. 그리고 질그릇과 같은 우리가 금보다도 귀한 그분의 생명을 품게 하셨습니다. 그래서 성경은 우리가 "근심하는 자 같으나 항상 기뻐하고 가난한 자 같으나 많은 사람을 부요하게 하고 아무 것도 없는 자 같으나 모든 것을 가진 자로다(고후 6:10)."라고 말씀합니다. 세상보다 크신 예수님이 내 안에 계시기 때문에 우리는 가난할지라도 부요합니다. 이 역설의 진리는 믿는 자만이 누릴 수 있는 특권입니다.

| 거창고 직업 십계명 |

1. 월급이 적은 쪽을 택하라.
2. 나를 필요로 하는 곳을 택하라.
3. 승진의 기회가 거의 없는 곳을 택하라.
4. 처음부터 시작해야 하는 황무지를 택하라.
5. 아무도 가지 않은 곳으로 가라.
6. 장래성이 없다고 여겨지는 곳으로 가라.
7. 사회적 존경을 바랄 수 없는 곳으로 가라.
8. 한가운데가 아니라 가장자리로 가라.
9. 부모, 아내, 약혼자가 결사반대하는 곳이면 틀림없다. 의심치 말고 가라.
10. 왕관이 아니라 단두대가 기다리는 곳으로 가라.

많은 사람들이 알고 있는 거창고등학교 직업 십계명입니다. 요즘 세상을 기준으로 하면 이 십계명의 내용이야말로 역설이 아닐 수 없습니다. 이 십계명은 거창고등학교를 명문으로 세운 전영창 목사님의 정신을 담고 있습니다. 목사님께서 미국 유학을 마치고 신학교 학감으로 부임하는 길이었는데, 거창에서 폐교 직전에 있는 한 학교의 교장을 맡아 달라는 부탁을 받습니다. 기도 끝에 목사님은 신학교 학감이 아닌 폐교 직전의 학교를 선택하십니다. 이러한 역설적 선택을 통해 오늘날 거창고등학교를 명문학교로 만든 분이 바로 전영창 목사님입니다. 예수님의 역설적 가르침을 따라 사는 자들에게는 이처럼 놀라운 능력이 나타납니다.

사도 바울은 육체의 질병이 치유되기를 간절히 기도했습니다. 그렇게 세 번 기도하던 사도 바울에게 하나님의 음성이 들려 왔습니다.

나에게 이르시기를 내 은혜가 네게 족하도다 이는 내 능력이 약한 데서 온전하여짐이라 하신지라 그러므로 도리어 크게 기뻐함으로 나의 여러 약한 것들에 대하여 자랑하리니 이는 그리스도의 능력이 내게 머물게 하려 함이라(고후 12:9).

우리는 약한 데서 온전해집니다. 우리가 당하는 핍박 가운데서 하나님의 나라는 더 커져 갑니다. 우리는 아무 것도 없는 자 같으나 모든 것을 가진 자들입니다. 애통하면 위로가 있고, 주리고 목마르면 배부름이 있습니다. 우리 모두에게 예수님의 역설적 진리가 아멘 되는 역사가 임하게 되기를 축원합니다.

하늘 시민의 자세

팔복은 온유, 긍휼, 마음의 청결, 화평 등 우리에게 천국 시민으로 살아갈 자세를 가르쳐 줍니다. 그런데 한국 교회에서는 이러한 '삶'의 차원이 '앎'의 차원보다 약화되는 경향이 있습니다. 과연 복음을 아는 것이 구원의 '필요충분조건'일까요? 그럼 복음적으로 사는 것은 부차적인 것일까요? 그렇지 않습니다. 우리말 성경이 '믿음^{faith}'으로 번역하는 헬라어 명사는 'πίστις$^{[피스티스]}$'입니다. 그런데 성령의 9가지 열매 가운데 '충성^{faithfulness}'으로 번역되는 단어 역시 헬라어 원어가 'πίστις'입니다. 'πίστις'라는 한 단어에 '믿음(앎의 차원)'과 '충성(삶의 차원)'이란 2가지 뜻이 공존한다는 사실은 무슨 의미겠습니까? <u>기독교 신앙은 믿음과 충성이 서로 손을 맞잡고 있다.</u>'라는 의미입니다. 신앙에서 믿음이 중요하지만, 그렇다고 해서 '행함'이 경시되어서는 결코 안 됩니다. 기독교 신앙은 '복음에 대한 앎'과 '복음적인 삶'이 균형을 맞출 때 온전해지는 것입니다.

그러나 적지 않은 성도들이 예수 믿고 구원받았으니 된 거 아니냐며, 죄짓는 데 거리낌이 없습니다. 그러면서 한다는 말이 "교회 와서 회개만 하면 예수의 피로 씻어 준다고 했는데 뭐가 걱정이냐!" 자기 마음대로 살면서 '예수의 피'만 있으면 된다고 말합니다. 이렇게 예수의 피에만 집착하는 기독교인들을 '뱀파이어(흡혈귀) 크리스천'이라고 합니다. 영화를 보신 분은 아실 것입니다. 뱀파이어^{Vampire}는 살아서 돌아다니는 것 같지만, 실상은 죽은 시체에 불과합니다. 성경을 보면 이런 뱀파이어 크리스천이 등장합니다.

내가 네 행위를 아노니 네가 살았다 하는 이름은 가졌으나 죽은 자로다 (계 3:1).

이 말씀은 예수님께서 세상 사람들이 아니라, 사데^{Sardis} 교회 교인들에게 하신 경고입니다. 행함이 없는 사데교회 교인들은 살았다 하는 이름은 가졌으나 실상은 죽은 뱀파이어 크리스천이었습니다.

우리는 하늘의 시민권을 가진 천국 시민입니다. 그렇다면 지금 어떠한 삶을 살고 있습니까? 선진국의 대사^{大使}는 후진국에 파견왔다고 해서, 멋대로 부도덕하게 살지 않습니다. 오히려 파견된 나라의 법과 기준을 넘어선, 선진국 시민의 가치관과 규범을 따라 모범적인 삶을 살고자 노력합니다. 마찬가지로 우리의 시민권이 천국에 있다고 하여 땅의 삶을 경시해서는 안 됩니다. 모두 冒頭에서 밝힌 바와 같이 천국의 본질은 하나님의 통치입니다. 그리고 그 천국은 우리 안에 임하였습니다. 그래서 하나님의 뜻이 하늘에서와 같이 이 땅에서 이루어지도록 우리는 온유한 삶, 긍휼히 여기는 삶, 마음이 청결한 삶, 화평케 하는 삶, 의에 주리고 목마른 삶, 거룩한 영향력을 나타내는 삶을 살아야 합니다.

하늘 맛 나는 세상

:

너희는 세상의 소금이니 소금이 만일 그 맛을 잃으면 무엇으로 짜게 하리요 후에는 아무 쓸 데 없어 다만 밖에 버려져 사람에게 밟힐 뿐이니라 (마 5:13).

마태복음 5장 13절 말씀에 예수님은 성도들을 왜 하필 '소금'에 비유하셨을까요? 그것은 고대 사회에서 소금이 차지한 가치와 비중 때문입니다. 우리나라는 고려시대 소금 전매제도專賣制度를 시행했습니다. 중국의 당唐나라는 생필품인 소금을 정부가 독점적으로 전매하여 국가 재정의 50%를 충당하기도 했습니다. 소금 값이 치솟고 밀매가 성행하게 되자, 당 조정朝廷은 대대적 단속에 나섰습니다. 단속이 심해지자 밀매업자들이 조직적으로 난을 일으켰는데 이를 '황소의 난黃巢-亂'이라고 합니다. 수도 장안을 함락시켰지만 '주전충朱全忠'이라는 장군에 의해 진압되었습니다. 그러나 결국 당나라는 주전충에 의해 907년에 멸망하고 말았습니다. 알고 보면 소금 때문에 당나라가 망한 것입니다. 또한 로마에서는 한때 군인들의 월급을 소금으로 지급했습니다. 이후에 소금을 의미하는 라틴어 '살라리움salarium'이 월급을 의미하는 영어 단어 '샐러리salary'

듣고 행하라 하신 산상수훈 …

의 어원이 되었습니다. 이처럼 고대(古代)의 소금은 국가 입장에서는 경제를 지탱하는 중요한 자원이자 백성들의 입장에서는 생명을 유지하기 위해 반드시 필요한 생필품이었습니다. 본문 말씀에 예수님께서는 성도들을 소금에 비유하셨습니다. 그만큼 성도들은 가치가 있고 소중한 존재이자, 맡겨진 역할(사명)이 있다는 말씀입니다.

무대를 넓혀야 합니다

마태복음 5장 13a절에서 예수님은 너희는 "세상의 소금$^{τὸ\ ἅλας\ τῆς\ γῆς}$"이라고 말씀하셨습니다. 예수님께서 우리가 '교회'의 소금이 아니라 '세상의 소금'이라고 말씀하신 점이 중요합니다. 거듭난 성도들의 활동 무대는 교회가 아닙니다. '부뚜막의 소금도 넣어야 짜다.'는 말처럼, 소금이 예쁜 그릇에만 담겨 있어서는 아무 소용이 없습니다. 성도들은 교회에서 말씀으로 은혜 받고, 성경 공부로 훈련받고, 기도로 무장한 후에 세상으로 나아가야 합니다. 그래서 가정을 살리고, 이웃을 변화시키고, 세상을 정화시켜야 합니다. 경찰이 거주하는 곳을 경찰서라고 합니다. 그런데 경찰들의 주(主) 무대는 경찰서가 아니라 지역사회입니다. 경찰서만 지키고 있는 경찰은 비난받고 버림받게 될 것입니다. 마찬가지로 우리의 주(主) 무대는 교회가 아닌 세상입니다. 우리는 교회의 울타리를 넘어 가정과 이웃 그리고 사회의 소금으로 부름 받았습니다.

암울했던 구한말 한국 교회는 민족의 소금이었습니다. 전국에 학교를 500곳이나 세웠고 각 도시에 병원과 고아원을 세웠습니다. 1919년 3월 1일, 당시 2,000만 민족의 100분의 1밖에 되지 않는 20만 명의 기독교인들이 만세 운동을 주도했습니다. 민족 대표 33인 중 16인이 기독교인이었습니다. 감옥에 간 사람의 60-70%가 기독교인이었고, 57곳의 교회

건물이 파괴되었습니다. 그러나 교회는 오히려 부흥했고, 세상 사람들로부터 존경을 받았습니다.

하지만 안타깝게도 1970년대 이후, 교회의 활동 무대는 세상보다는 교회 안으로 좁혀지기 시작했습니다. 교세는 성장했지만, 세상을 향한 교회의 영향력은 미미해졌습니다. 한국 사회는 세계가 깜짝 놀랄 만큼 경제와 문화 모든 방면에서 괄목할 만한 성과를 거두었습니다. 그러나 그 뒤안길은 짙은 어둠이 깃들게 되었습니다. 경제 양극화로 인해 낙오된 많은 사람들, 무한 경쟁 속에 도태된 사람들, 황금만능주의 속에 상처받은 군중들이 누군가의 손길을 기다리고 있습니다. 이들의 상처, 분노, 탄식을 치료할 수 있는 사람들은 정치가도, 교육자도, 예술가도 아닙니다. 바로 거듭난 '소금 신자들'입니다. 여러분은 예수 믿고 구원받아 하나님의 자녀가 되셨습니까? 그러면 당신은 소금입니다. 당신의 주主 무대는 어디입니까?

하늘의 맛을 내야 합니다

30년 전, 시골에서 목회하던 때가 생각납니다. 가난했던 시절, 줄 것이 정情 밖에 없던 그 시절, 심방을 가면 고구마를 쪄서 내고, 감자를 쪄서 내기도 했습니다. 가끔 달걀을 삶아서 내기도 했는데 달걀이 참으로 귀했던 때인지라 껍질을 벗기고 소금에 찍어서 먹으면 그 고유의 맛이 얼마나 좋았는지 모릅니다. 그렇게 제가 맛있게 먹는 모습을 보시면, 할머니 권사님께서는 어느새 다른 계란 껍데기를 벗기고 하나 더 먹으라고 입에다 넣어 주시곤 하였습니다. 그런데 소금도 찍지 않은 계란을 통째로 입에 넣어 주시는 바람에 목이 메어 혼이 날 때가 한두 번이 아니었습니다. 할머니 권사님의 진한 그 사랑을 생각할 때마다 지금도 목이 메어 옵니다. 이처럼 소금은 맛을 내는데 있어서 꼭 필요한 물질입니다. 달걀뿐만 아니라 대부분의 음식은 소금을 넣지 않고는 맛있게 먹을 수 없습니다.

오늘 말씀에서 예수님은 "소금이 만일 그 맛을 잃으면 무엇으로 짜게 하리요?"라고 물으십니다. 사실, 소금은 그 분자식^{NaCl}이 바뀌지 않는 이상 자연 상태에서 맛을 잃을 수 없습니다. 그런데 왜 예수님은 이런 말씀을 하셨을까요? 예수님 시대에는 오늘과 같이 정제염 기술이 발달하지 않았습니다. 그래서 '희뿌연 먼지'나 '모래'와 같은 불순물이 많이 들어간 질 낮은 소금을 노동자들이나 군인들의 급료로 지급하는 경우가 있었습니다. 순수한 소금 자체는 맛을 잃을 수 없으나, 그 안에 불순물들이 많이 섞이게 되면, 마침내는 소금의 맛을 느낄 수 없어, 소금 본래의 목적을 위해선 아무 쓸모가 없게 되는 것입니다. 결국 이런 불순한 소금은 버림받는 운명을 면하기 어렵습니다.

<u>천국 백성으로서 우리가 내야 할 맛은 '본향의 맛' 곧 '하늘의 맛'입니다.</u> 2천 년 전, 예수님께서는 장차 이 땅에 완성될 하늘나라의 맛을 보여 주셨습니다. 마찬가지로 우리는 '맛보기 신자들'입니다. 세상이 교회를 통해, 장차 이 땅에 완성될 하늘나라(하나님 나라)의 맛을 볼 수 있어야 합니다. 그러나 먼지와 모래 같은 영적 불순물들이 교회 안에 들어오면, 교회는 어느 순간 하늘의 맛을 잃고 맙니다. 이런 점에서 해럴드 린드셀$^{\text{Harold Lindsell, 1913-1998}}$의 말은 우리에게 시사하는 바가 큽니다.

교회가 세상 안에 있는 것은 옳다. 그러나 세상이 교회 안에 있는 것은 잘못이다. 배가 물에 있는 것은 옳지만 배 안에 물이 있으면 배는 가라앉는다.

교회는 세상과 분리될 수 없지만^{not separable}, 세상과 구별되어야 합니다^{but distinguishable}. 내 안에 또는 우리 안에 있는 '하얀 모래'는 무엇입니까? 지금 나는 교회와 세상에서 어떤 맛을 내고 있습니까?

하늘나라를 세워 가야 합니다

생선가게에 가면 소금에 절인 생선을 '자반'이라고 합니다. 12%의 소금물에 절이면 생선이 썩지 않습니다. 아무리 쉽게 썩고 상하는 생선일지라도 12%의 소금만 있으면 썩지 않습니다. 병원에 입원하면 링거^{linger}를 꼽습니다. 링거액은 쉽게 말해서 0.9%의 소금물입니다. 우리 몸의 혈액 속에는 0.9%의 소금이 있습니다. 그것이 부족할 때 우리 몸은 질병에 취약해지고 문제가 생깁니다. 이 소량의 소금이 건강을 유지시킨다는 것은 참으로 놀라운 일입니다. 또한 바닷물 속에 3%의 소금만 있어도 바다는 언제나 자정^{自淨} 능력을 유지할 수 있습니다. 이처럼 소금은 부패를 막고 건강과 생명을 보존하는 데 매우 중요한 물질입니다. 이와 같이 우리는 세상의 '영적 파수꾼'이 되어야 합니다. 그래서 세상의 부패를 막고 세상에 하나님 나라가 세워지도록 쓰임을 받는 존재가 되어야 합니다.

> 사회가 실제로 썩을 때, 그리스도인들은 세상을 경멸하고 비기독교 세계를 무책임하게 책망하는 경향이 있다. 하지만 그보다는 우리 자신을 책망하는 편이 옳다. 소금에 절이지 않은 고기가 썩는 것을 비난할 수는 없는 일이다. 고기는 달리 어떻게 할 수가 없다. 우리가 던져야 할 진짜 질문은 '소금은 어디 있는가?' 하는 것이다.
>
> 존 스토트 목사 ^{John Stott, 1921~2011}

엘리사 샘. 이스라엘 여리고(Elisha Spring Fountain Jericho)

이스라엘에 성지순례를 가 보면, 여리고^{Jericho}에 '엘리사 샘$^{Elisha Spring Fountain}$'이라는 곳이 있습니다. 이곳에 얽힌 사연은 구약에 나옵니다. 한 성읍(여리고)에 물이 좋지 않아 토산土産이 익지 않고 자꾸 떨어지는 문제가 발생합니다. 이 문제 때문에 성읍 사람들은 엘리사 선지자를 찾아옵니다(왕하 2:19-22). 이에 엘리사 선지자는 물 근원에 가서 소금을 뿌려 그곳 수질을 변화시키고 문제를 해결해 줍니다. 소금이 여리고 성의 쓴 물을 단 물로 바꾼 것입니다. 이 사건은 우리에게 성도의 사명을 일깨워 줍니다. "세상이 썩었다! 살 수가 없다!" 그렇게 말할 것이 아니라, 성도는 세상에 들어가서 소금과 같이 세상을 변화시킬 수 있는 존재가 되어야 합니다.

하나님은 세상을 사랑하사 독생자를 보내셨지만, 세상은 그를 미워하였습니다. 그럴지라도 하나님은 이 땅에 하나님의 뜻이 이루어지는 것, 곧 이 땅이 하나님 나라로 변화되기를 원하십니다. <u>우리가 하늘의 맛을 낸</u>

다면, 세상은 교회를 핍박하겠지만, 결국에 세상은 교회 때문에 보존될 것입니다. '썩는 것'과 '숙성되는 것'은 원래의 상태가 달라지는 것이지만, 그 결과에는 큰 차이가 있습니다. 썩는 것은 자신도 변질變質되고 남도 죽이는 것입니다. 그러나 '숙성되는 것'은 자신이 변화變化되어 남을 살리는 것입니다. 소금에 잘 절인 김치가 숙성이 되면 많은 사람의 건강을 이롭게 하는 귀한 식재료가 됩니다. 이와 같이 '소금 성도'들은 세상의 부패와 변질을 막아야 합니다. 그리고 생명을 살리고 살맛 나는 세상을 만드는 역할을 감당해야 합니다. 이것이 하나님께서 우리를 세상에 보내신 이유입니다.

빛의
자녀들

∴

너희는 세상의 빛이라 산 위에 있는 동네가 숨겨지지 못할 것이요 사람이 등불을 켜서 말 아래에 두지 아니하고 등경 위에 두나니 이러므로 집 안 모든 사람에게 비치느니라 이같이 너희 빛이 사람 앞에 비치게 하여 그들로 너희 착한 행실을 보고 하늘에 계신 너희 아버지께 영광을 돌리게 하라 (마 5:14–16).

요즘 언론에 보도되는 우리의 세태를 보면 마음이 무겁습니다. 청년 실업, 부의 편중, 학교 폭력, 가정 문제, 노인 빈곤, 북한 문제 등등 사회 곳곳에 짙게 드리운 어두운 그늘을 보게 됩니다. 이러한 현실을 향해 손가락질하거나, '헬조선'이라고 조롱하거나, 한탄하는 것이 전부인 세상 사람들도 있습니다. 그렇다면 이런 어두운 현실 앞에서 우리 믿는 사람들은 어떻게 해야 할까요? 사람들은 방이 어두울 때 어떻게 합니까? 어둠을 물리치기 위해 빗자루를 들고 진공청소기를 들고 심지어 칼을 들고 난리법석을 떱니까? 아니면 전기스위치를 켭니까? 전기스위치를 켜는 순간, 전등이 빛을 발하면 어둠은 순식간에 사라지고 맙니다. 마찬가지로 세상이 어둡다고, 썩었다고 말하기 이전에 내가 빛이 되어 빛을 밝히면 어둠은 어느샌가 자취를 감추는 것입니다. 이 말씀은 천국 시민 된 성도들이 어두운 세상을 밝히는 빛의 역할을 감당할 것을 요청하고 있습니다.

우리는 세상의 빛입니다

오늘 말씀 14절에서 예수님은 제자들에게 '너희는 세상의 빛'이라고 하셨습니다. 요한 사도는 하나님과(요일 1:5) 예수님을 '빛'이라고 표현합니다(요 1:9). 그렇기 때문에 예수님께서 성도를 동등하게 '빛'이라고 불러 주신 것은 참으로 영광스러운 일이 아닐 수 없습니다. '너는 영웅이다', '귀족이다', '엘리트다', '부자다', '미남이다', '미녀다', '일류다' 등등 그 어떤 호칭보다 귀한 것입니다.

또한 예수님께서 "나는 세상의 빛이다."라고 말씀하시며(요 8:12), 동시에 '너희는 세상의 빛이다.'라고 말씀하신 것은 '너희는 나와 같이 되어야 한다.'는 의미를 담고 있습니다. 빛에는 '발광체發光體'와 '반사체反射體'가 있습니다. 발광체가 스스로 빛을 내는 태양과 같은 존재라면, 반사체는 원原 빛을 받아 비추는 달과 같은 존재입니다. 발광체는 예수님에 비견할 수 있고, 반사체는 제자 된 우리들을 상징한다고 볼 수 있습니다. 우리는 자신의 빛을 내는 존재들이 아닙니다. 우리는 영적 반사체입니다. 우리가 참 빛 되시는 예수님을 바라볼 때만, 우리는 그 빛을 세상에 반사할 수 있습니다.

한 랍비가 제자들에게 문제를 냈습니다. "동전 한 닢으로 방 안을 가득 채울 물건을 사 오너라." 그러고는 제자들에게 동전 한 닢씩을 주었습니다. 저녁이 되어 제자들이 모여들었습니다. 어떤 제자는 아예 포기했고, 어떤 제자는 건초를 한 더미 사 왔습니다. 그러나 방을 채울 수는 없었습니다. 그때 한 제자가 양초 한 자루를 들고 나와 불을 켰습니다. 어두웠던 방이 구석구석 빛으로 가득 찼습니다. 사람들은 세상이 어둡다고 말을 합니다. 하지만 <u>중요한 것은 내가 한 자루의 촛불이 되는 것입니다.</u> 하나님은 이사야 선지자를 통해서 말씀하셨습니다.

일어나라 빛을 발하라 이는 네 빛이 이르렀고 여호와의 영광이 네 위에 임하였음이니라(사 60:1).

사랑하는 형제, 자매 여러분! 일어나 빛을 발하시기 바랍니다. 세상의 어둠을 몰아내는 한 자루의 촛불이 되시기를 '참 빛' 되시는 예수님의 이름으로 축원합니다.

성도의 빛은 착한 행실입니다

16절을 보면, '너희 빛'이란 '너희 착한 행실'과 동등한 의미라는 사실을 알 수 있습니다. <u>성도들이 세상에 비춰야 할 빛은 성도들의 착한 행실입니다.</u> '참 빛' 되시는 예수님을 본받아 세상 가운데 선(善)을 행하라는 권면입니다.

그가 우리를 대신하여 자신을 주심은 모든 불법에서 우리를 속량하시고 우리를 깨끗하게 하사 선한 일을 열심히 하는 자기 백성이 되게 하려 하심이라(딛 2:14).

하나님께서는 우리로 하여금 예수님을 닮아 선한 일을 하도록 부르셨고, 그것이 빛이 되어 세상의 어둠을 물리치는 사명을 주셨습니다.

"깨진 유리창의 법칙Broken Windows Theory"이라는 것이 있습니다. 1982년 3월 제임스 윌슨James Q. Wilson과 조지 켈링George L. Kelling이 공동으로 발표한 범죄심리학 이론입니다. 사소해 보이는 문제 하나를 방치해 둔다면 나중에는 더 큰 사태로 비화飛火 될 수 있다는 주장입니다. 예를 들어, 건물 주인이 깨진 유리창 하나를 오랫동안 방치하였는데, 지나가는 행인은 그 건물주가 관리를 포기한 것으로 판단하고, 장난삼아 나머지 유리창도 돌을 던져 모두 깨뜨리는 행동을 하게 됐습니다. 점점 관리 상태가 엉망이 된 건물에서는 결국 범죄 발생률이 높아지는 결과를 낳았습니다. 유사한 예로, 쓰레기가 쌓여 있는 곳에서는 사람들이 양심에 큰 가책을 받지 않고 자신의 쓰레기도 버리는 경우를 볼 수 있습니다. 우리 그리스도인들은 이러한 인간의 심리를 알아야 합니다. 그리하여 세상에서 쓰레기를 치우고, 유리창을 끼우고, 어둠을 밝히는 빛의 사명을 감당해야 합니다.

그런데 하나님께서 원하시는 선한 삶은 우리의 힘만으로 되지 않습니다. 많은 성도들이 선하게 살고자 결단하지만, 작심삼일로 끝날 때가 빈번하고 애를 쓰다가는 지쳐 포기할 때가 많습니다. 알코올램프에 기름이 없으면 심지를 태우다 꺼져 버립니다. 알코올램프는 기름이 채워져야 심지가 아닌 기름을 태우며 오랫동안 불을 밝힐 수 있습니다. <u>우리가 선을 행하다가 '번 아웃' 되지 않으려면, 우리는 영적 기름 곧 성령으로 채워져야 합니다.</u> 성령의 기름 부으심으로, 그분의 능력을 의지할 때에라야 우리는 어두움의 세상 주관자들을 물리치고, 주님의 빛을 세상 가운데 드러내는 사명을 잘 감당할 수 있습니다.

하나님의 영광을 드러내야 합니다

오늘 말씀에 예수님께서는 '산 위에 있는 동네가 숨겨지지 못한다.'고 말씀하십니다. 고대의 도시(성읍)들은 산 위에 세워지는 것이 일반적이었습니다. 그래야 외부의 적敵으로부터 효과적으로 방어를 할 수 있기 때문입니다. 이스라엘의 수도 예루살렘 역시 시온 산Mt. Zion 위에 있는 산성山城입니다. 이러한 산성들은 낮뿐만 아니라 밤에도 불을 밝히면 멀리서도 볼 수가 있습니다. 이처럼 '산 위에 있는 도시들'은 눈에 잘 띄기 때문에 결코 숨길 수 없습니다. 예수님께서 성도들을 빛에 비유하시며, '산 위의 동네가 숨겨지지 못한다.'고 말씀하신 이유는 성도들의 빛, 곧 선행善行은 숨길 수 없고, 결국 드러나게 되어 있다는 뜻입니다.

이와 유사한 맥락의 말씀이 다음에 이어집니다.

사람이 등불을 켜서 말 아래에 두지 아니하고 등경 위에 두나니.

우리말 '말'로 번역된 헬라어 단어 'μόδιος^[모디오스]'는 약 8.75리터 부피의 곡식을 재는 용기^{容器}입니다. 그 누구도 등불을 켜서 그릇으로 덮어 감추지 않습니다. 사람들이 불을 켜는 이유는 그것을 감추기 위한 것이 아니라, 드러내기 위함입니다. 그래서 등경 위에 올려 둡니다. 이와 같이 성도들의 빛 곧 선행^{善行}은 숨기는 것이 아니라 드러내는 것이 하나님의 뜻입니다.

이같이 너희 빛이 사람 앞에 비치게 하여 그들로 너희 착한 행실을 보고 하늘에 계신 너희 아버지께 영광을 돌리게 하라(16절).

그렇다면 의문이 하나 생깁니다.

너는 구제할 때에 오른손이 하는 것을 왼손이 모르게 하여 네 구제함을 은밀하게 하라 은밀한 중에 보시는 너의 아버지께서 갚으시리라(마 6:3-4).

본문 말씀에서는 예수님이 선행을 드러나게 하라고 말씀하시고, 6장 3절에서는 은밀히 하라고 말씀하십니다. 얼핏 보면 서로 모순이 되는 것 같습니다. 그러나 문맥을 살펴보면 그 차이를 분명히 알 수 있습니다. 오늘 말씀에는 선행의 목적이 '하나님의 영광'입니다. 다시 말해 세상 사람들이 성도의 선행을 보고서 하나님께 영광을 돌리게 하려는 목적을 갖습니다. 반면에 6장 3절은 '자신의 영광'을 위한 선행을 말씀하고 있습니다. 자신의 영광을 위해 드러내는 선행이라면 하나님께로부터 얻을 상(賞)이 없다는 것입니다. 이 경우에는 차라리 은밀히 하는 것이 더 낫다는 말씀입니다. 그렇기 때문에, <u>천국 시민 된 성도들은 내 영광이 아닌 하나님의 영광을 위해 선을 행하여 세상 사람들이 하나님께 영광을 돌리게 해야 할 사명이 있습니다.</u> 우리와 우리 가정 그리고 교회 공동체가 하나님의 영광이 드러나는 통로가 되기를 예수님의 이름으로 축원합니다.

진정한 개혁

∴

내가 율법이나 선지자를 폐하러 온 줄로 생각하지 말라 폐하러 온 것이 아니요 완전하게 하려 함이라 진실로 너희에게 이르노니 천지가 없어지기 전에는 율법의 일점 일획도 결코 없어지지 아니하고 다 이루리라 그러므로 누구든지 이 계명 중의 지극히 작은 것 하나라도 버리고 또 그같이 사람을 가르치는 자는 천국에서 지극히 작다 일컬음을 받을 것이요 누구든지 이를 행하며 가르치는 자는 천국에서 크다 일컬음을 받으리라 내가 너희에게 이르노니 너희 의가 서기관과 바리새인보다 더 낫지 못하면 결코 천국에 들어가지 못하리라(마 5:17-20).

오늘날 한국 사회와 교회는 개혁에 대한 목마름이 그 어느 때보다도 간절합니다. 그래서 '과거 청산'이라는 미명하에 개혁의 칼을 휘두릅니다. 그러나 개혁은 과거 또는 전통과의 역사적 단절을 의미하지 않습니다. 아름다운 전통은 계승하고, 그 토대 위에 새로운 발전을 이룩하는 것이 진정한 개혁입니다. '改革(개혁)'이란 한자의 원뜻은 '가죽을 고치다'입니다. 개혁은 몸통을 발라내는 것이 아니라 가죽을 고치는 것입니

듣고 행하라 하신 산상수훈 ⋯

다. 우리는 자칫하면 개혁이란 미명하에 '아기 씻은 물을 버리려다 아기마저 버리는' 우(愚)를 범할 수 있습니다. 개혁은 결코 본질을 잃지 않습니다. 인간이 겪는 통증 중에서 작열통(灼熱痛), 즉 깊은 화상을 당하는 통증이 가장 고통스럽다고 합니다. 하지만 화상을 당한 피부는 아무리 고통스럽더라도 제거되어야 합니다. 새로운 피부가 이식되어야 몸을 건강히 보호할 수 있기 때문입니다. 개혁은 상한 가죽을 벗기고 다른 피부를 이식하는 것처럼 힘들고 어려운 일입니다. 그러나 그것은 몸을 지키기 위해 반드시 해야 하는 것입니다. 예수님은 옛 것이라면 무조건 모든 것을 파괴하는 혁명분자가 아닙니다. 예수님께서는 율법을 폐기처분하러 오신 것이 아니라 완전케 하러 오신 분이십니다. <u>예수님은 잘못된 부분을 벗기시고, 부족함을 채우시고, 새롭게 하시기 위해 오신 분이란 사실을 기억해야 합니다.</u>

형식이 아닌 본질입니다(17-18절)

"성경은 율법에 대해 어떻게 이야기합니까? 긍정적입니까? 아니면 부정적입니까?" 이렇게 묻는다면, 많은 성도들이 '부정적이다'라고 대답합니다. 하지만 이것은 오해입니다. "우리가 율법은 신령한 줄 알거니와(롬 7:14a)"라는 말씀처럼, 성경은 율법을 결코 악(惡)하다고 보지 않습니다. <u>율법은 하나님께서 주신 것이기에 신령한 것입니다.</u>

> 그런즉 우리가 무슨 말을 하리요 율법이 죄냐 그럴 수 없느니라 율법으로 말미암지 않고는 내가 죄를 알지 못하였으니 곧 율법이 탐내지 말라 하지 아니하였더라면 내가 탐심을 알지 못하였으리라(롬 7:7).

이처럼 율법의 중요한 역할은 '죄가 무엇인지를 알려 주는 것'입니다. 그리하여 율법은 하나님의 백성답게 거룩한 삶을 살아가라고 말해 줍니다. 이러한 율법의 정신은 '사랑'이란 덕목으로 요약됩니다.

> 온 율법은 네 이웃 사랑하기를 네 자신 같이 하라 하신 한 말씀에서 이루어졌나니(갈 5:14).

그런데 바리새인들은 율법의 '정신'은 잃어버리고, 율법의 '형식'에 집착하기 시작했습니다. 예를 들어서, 안식일에 질병을 고치는 것은 노동으로 간주하여 금했습니다. 상처에 붕대는 맬 수 있지만, '약'을 바르고 붕대를 매는 것은 허용되지 않았습니다. 아픈 귀에 솜을 낄 수는 있으나, '약'을 칠한 솜은 끼우면 안 됩니다. 생명의 위협이 있을 때는 치료할 수 있었지만, 그런 경우에도 증세가 더 악화되지 않을 정도로만 돌보아 주어야 병이 '완치'되면 안 되었습니다. 이런 이유로 바리새인들은 안식일에 병든 자들을 치유하신 예수님의 행동을 비난한 것입니다. 그러나 예수님께서는 "안식일을 거룩히 지키라."는 율법을 무시하지 않으셨습니다. 다만 예수님이 원하신 것은 율법의 형식적 준수가 아닌 율법의 정신, 곧 사랑과 자비를 실천하는 것이었습니다(마 7:12).

오늘날에도 율법을 지키는 유대인들practicing Jews은 안식일이 시작되면 (금요일 일몰 이후), '샤밧고이שבת גוי'를 찾습니다. '샤밧고이'는 안식일에 유대인들은 할 수 없는 일을 대신 해 주는 이방인들을 의미합니다. 예를 들어 정통파 유대인들Orthodox Jews은 안식일이 일단 시작되면 전기 장치를 새로 켜거나, 이미 켜진 장치를 끌 수 없습니다. 그래서 에어컨을 켠 채로 안식일이 시작됐다면, 안식일이 끝날 때까지 그대로 켜 두거나, 이를 끄려면 근처를 지나는 이방인, '샤밧고이'를 불러다가 대신 끄게 합니다. 이런 유대인의 모습을 보면 어떤 생각이 드십니까? 이런 모습이 과연 하나님이 원하시는 안식일 준수일까요? 자신이 해서는 안 되는 일이라고 해서 남에게 그것을 시키는 것이 과연 '이웃 사랑'일까요? 율법은 선善한 것입니다. 그러나 율법의 정신은 잃어버린 채, 형식에만 집중하면 율법은 억압抑壓으로 변질될 수 있습니다. 예수님은 이러한 율법의 형식주의를 개혁하고, 율법의 참된 정신을 성취하러 오셨습니다.

본을 보이며 가르쳐야 합니다(19절)

19절 말씀을 보면, 예수님은 '행하며 가르치는 자가 천국에서 큰 자'라고 말씀하십니다. 진리는 단순히 가르치는 것이 아닌 행함으로 본을 보이는 것입니다. 진리는 쉽습니까, 아니면 어렵습니까? 진리는 쉽습니다. "이웃을 네 몸과 같이 사랑하라."는 말씀은 머리로 이해하는 데 어렵지 않습니다. 진리는 쉽습니다. 다만 그대로 사는 것이 어려운 것입니다. 말로만 진리를 가르치는 것은 쉽습니다. 반면에 진리를 행하기란 어렵습니다. 그래서 행함 없는 가르침에는 감동과 영향력이 없습니다.

우리는 그 어느 때보다 좋은 설교와 신앙서적이 풍성한 시대를 살고 있습니다. 라디오를 틀거나 인터넷에 접속하면 유명한 목사님들의 설교가 쏟아집니다. 그러나 한국 교회의 대사회적 영향력은 그 어느 때보다도 위축되어 있습니다. 목회자들과 성도들이 말씀을 따라 살지 않으면서, 입바른 소리만 하기 때문입니다. 행함이 없는 입만 바른 복음은, 복음이 아닌 '볶음'으로 변질되기 쉽습니다. 그런데 이렇게 들들 볶이다 보면 부작용이 나타납니다. 바로 위선僞善입니다. 선행을 하기는 해야겠는데, 마음에서 우러나오는 것이 아닌 '착한 척' 하는 것입니다. 마치 코미디언들이 우울하고 힘든 일이 있더라도 TV에만 나오면 웃어야 되는 것처럼, 성도들도 교회에만 오면 거룩함에 대한 강박관념이 있습니다. 그러나 거룩하지 않은 삶을 살면서 교회에만 오면 거룩해 보이려는 모습은 코미디comedy에 지나지 않습니다. 행선과 위선은 다른 것입니다. 예수님은 바리새인들을 "모든 행위를 사람에게 보이고자 하는 자들(마 23:5)"이라고 꼬집으셨습니다. 우리는 사람들 앞에서 착한 척, 진실한 척, 거룩한 척하는 '척척' 박사들이 아니라, 마음에서 우러나오는 삶을 살아야 합니다.

진정한 의를 추구해야 합니다(20절)

1세기 역사학자 요세푸스에 따르면, 예수님 시대에 약 6천 명의 바리새인들이 있었다고 합니다(요세푸스, 『유대고대사』 17.42). '바리새 Φαρισαῖος [파리사이오스]'는 '구별된 자'라는 뜻으로, 이들은 구별된 삶을 살기 위해 대단한 열심을 품은 자들이었습니다. 그래서 그들은 엄격하고, 금욕적이고, 가능한 모든 율법을 지키고자 부단한 노력을 기울였습니다. 그런데 20절을 보면, 예수님은 "내가 너희에게 이르노니 너희 의가 서기관과 바리새인보다 더 낫지 못하면 결코 천국에 들어가지 못하리라."고 말씀하십니다. 그렇다면 이 말씀은 우리에게 더 열심히, 더 많은 율법을 준수하라는 명령일까요?

예수님께서 말씀하시는 '더 나은 의義'는 양量적인 차원이 아닌 질質적인 차원을 의미합니다. 팔복 설교에서 말씀드린 것처럼, 성경의 의義는 도덕적·법정적 차원을 넘어선 것입니다. 그것은 본질적으로 관계적 차원, 곧 '하나님과의 바른 관계'를 의미합니다. 그래서 율법의 참된 정신은 관계적 언어인 '사랑'으로 표현됩니다. 사랑에서 가장 중요한 것은 무엇입니까? 그것은 마음의 방향입니다. 물론 상대를 위해 이것저것 많은 일을 하는 것도 필요합니다. 그러나 그것보다 더 본질적인 것은 상대를 향한 마음의 방향입니다. 상대에게 많은 것을 주고, 몸은 가까이 있지만, 정작 마음이 다른 사람에게 있다면 그것은 결코 진정한 사랑이 될 수 없습니다. 바리새인들은 양적으로 많은 율법 조항을 지켰습니다. 늘 성전과 회당에 가까이 있었지만, 그들의 마음은 정작 하나님으로부터 멀리 있었습니다. 그들의 종교적 열정은 사랑을 담지 못하고 오히려 남을 정죄하고, 예수님까지도 십자가에 못 박았습니다. 마찬가지로 우리가 교회에 오래 머물고, 성경책을 끼고 살면서 많은 봉사를 해도, 마음의 방향이 여전히 세상을 향하고 있다면, 그것은 하나님과 바른 관계 곧 진정한 의※라고 할 수 없습니다. <u>신앙은 '완벽'이 아니라 '방향'에 관한 것입니다.</u> 우리는 율법적으로 완벽하지 못합니다. 누구도 결코 그 종착역에 도착할 수 없습니다. 그러나 부족하기 때문에 늘 미안하고, 회개하는 것은 역설적으로 우리가 하나님의 사랑 안에 머물고 있다는 증거입니다. 완벽하지 않다고, 많은 일을 감당하지 못한다고 해서 너무 자책하지 마십시오. '얼마만큼 했느냐'보다 더 중요한 것은 '내가 누구에게 속했느냐', '어디를 향하고 있느냐'입니다. 신앙은 방향이며, 하나님과의 바른 관계에 머무는 것입니다.

혹시 살인하지 않으셨습니까?

⋮

옛 사람에게 말한 바, 살인하지 말라 누구든지 살인하면 심판을 받게 되리라 하였다는 것을 너희가 들었으나 나는 너희에게 이르노니 형제에게 노하는 자마다 심판을 받게 되고 형제를 대하여 라가라 하는 자는 공회에 잡혀가게 되고 미련한 놈이라 하는 자는 지옥 불에 들어가게 되리라. 그러므로 예물을 제단에 드리려다가 거기서 네 형제에게 원망들을 만한 일이 있는 것이 생각나거든 예물을 제단 앞에 두고 먼저 가서 형제와 화목하고 그 후에 와서 예물을 드리라 너를 고발하는 자와 함께 길에 있을 때에 급히 사화하라 그 고발하는 자가 너를 재판관에게 내어 주고 재판관이 옥리에게 내어 주어 옥에 가둘까 염려하라 진실로 네게 이르노니 네가 한 푼이라도 남김이 없이 다 갚기 전에는 결코 거기서 나오지 못하리라(마 5:21-26).

동서고금을 막론하고 살인에 대해서는 엄격한 잣대를 댔습니다. 중국의 학자 진수^{陳壽, 238-297}가 지은 삼국지 위지 동이전^{三國志 魏志 東夷傳}에 소개된 고조선의 8조 금법^{八條 禁法}은 "살인자는 즉시 사형에 처한다."고 명시하고 있습니다. 현재 우리나라 형법은 "사람을 살해한 자는 사형, 무기 또는

듣고 행하라 하신 산상수훈 ⋯

5년 이상의 징역에 처한다."고 규정하고 있습니다(형법 250조). 구약의 율법도 역시 살인을 엄금하고 있습니다(출 21:12; 레 24:17; 민 35:16-21). 우리가 잘 알고 있는 십계명의 제 6계명이 "살인하지 말라(출 20:13)."입니다.

마태복음 5장 21절에서 예수님은 "살인하지 말라."는 구약의 말씀을 인용하시며 가르침을 시작하십니다. 하지만 예수님의 가르침은 겉으로 드러나는 행위보다 더 깊은 내면의 차원을 주목합니다. 왜냐하면 살인은 본디 인간의 내면에서부터 시작되기 때문입니다. 그래서 마태복음 5장 21-26절은 '살인을 하지 않는' 소극적 차원이 아니라 '화목을 이루는' 적극적 차원의 삶을 가르치고 있습니다.

영적 살인이 있음을 알아야 합니다(21-22절)

예수님께서는 살인을 '행위' 자체로만 보신 것이 아니라, 행위 이면에 있는 '마음'의 문제로 해석하셨습니다.

> 나는 너희에게 이르노니 형제에게 노하는 자마다 심판을 받게 되고 형제를 대하여 라가라 하는 자는 공회에 잡혀가게 되고 미련한 놈이라 하는 자는 지옥 불에 들어가게 되리라(22절).

'라가ρακά[라카]'는 아람어 ריקא[레카]를 헬라어로 옮긴 것으로, '텅 비어 있다empty'는 뜻입니다. 이는 머리가 텅 빈empty-headed '골빈 놈', 일본식으로는 'ばかやろう[빠가야로]'라는 느낌의 표현입니다. 또한 '미련한 놈'으로 번역된 헬라어 μωρός[모로스]'는 영어 단어 'moron[모란]'에 그 흔적이 남아 있습니다. 이 단어는 일반적으로 바보라고 하는 'fool[풀]'보다 훨씬

더 모욕적인 'idiot[이디엇]'의 의미를 담고 있습니다 a very offensive word for someone who you think is very stupid(=idiot), 출처: 롱맨사전. 예수님의 말씀에 따르면, 이런 모욕적인 언사言辭들은 살인과 진배없다는 것입니다. 그래서 '인격적 타살他殺' 역시 실제적인 살인과 동일한 심판을 받게 된다고 선언하십니다.

이런 관점에서 본다면, '나는 살인하지 않았습니다.'라고 당당히 손들 수 있는 사람이 있을까요? 우리는 모두 살인범입니다. 그러므로 하나님의 자비하심에 의지하여 용서를 구할 수밖에 없습니다.

그 형제를 미워하는 자마다 살인하는 자니 살인하는 자마다 영생이 그 속에 거하지 아니하는 것을 너희가 아는 바라(요일 3:15).

이러한 말씀들은 결코 쉽지 않습니다. 뉘우쳐도 다시 분노하고, 돌아서서 다시 미워하는 것이 우리 연약한 인생들입니다. 그렇기 때문에 '내가' 하려고 해서는 되지 않습니다. '성령님께서' 나를 주장하셔야만 가능한 일입니다. 성령의 사람 무디Dwight L. Moody는 다음과 같은 말을 남겼습니다.

인간적인 수단과 노력만 의지하는 것은 자기의 숨으로 돛단배를 움직이려는 것과 같다.

우리 모두 자신의 연약함을 인정하고, 성령의 능력을 구합시다. 성도는 성령의 능력으로 살고, 성령의 능력으로 살리는 자들입니다.

화목은 최고의 예물입니다(23-24절)

> 예물을 제단에 드리려다가 거기서 네 형제에게 원망들을 만한 일이 있는 것이 생각나거든 예물을 제단 앞에 두고 먼저 가서 형제와 화목하고 그 후에 와서 예물을 드리라(마 5:23-24).

형제와 화목^{和睦}하는 것이 그 어떤 값비싼 예물보다 더 우선되는 것임을 예수님은 가르쳐 주고 계십니다. 다시 말해 <u>우리가 하나님께 드릴 수 있는 최고의 예물은 형제와 화목하는 것입니다.</u> 형제와 반목하고 원수를 맺는다면, 세상의 그 어떤 값진 것이나 많은 헌신도 하나님께 기쁨이 되지 않습니다. 이 경고의 말씀은 우리에게 또한 위로가 됩니다. 비록 가난하고 몸이 연약해서 하나님께 귀한 것을 드리지 못하는 성도가 있을지라도 염려하지 마십시오. 우리가 화목에 힘쓸 때, 그것은 하나님께 드리는 최고의 예물이 될 것입니다.

팔복^{八福}에서도 예수님은 "화평하게 하는 자는 복이 있나니 그들이 하나님의 아들이라 일컬음을 받을 것임이요(5:9)."라고 말씀하셨습니다. 이 말씀은 축복의 말씀이자 동시에 경고의 말씀입니다. 이 말씀을 거꾸로 생각해 본다면, '이간^{離間}케 하는 자는 화^禍가 있나니, 그들이 사탄의 자녀들이라 일컬음을 받게 될 것'이라는 뜻이 되기 때문입니다. '마귀^{魔鬼}'로 번역되는 헬라어 'διάβολος[디아볼로스]'는 '이간하는 자', '중상하는 자^{slanderer}'라는 뜻입니다. 그래서 <u>예수는 믿는데, 원수를 맺고 살면 그것은 가짜입니다. '진짜'가 되기 원한다면, 우리는 화목을 위해 수고해야 합니다.</u> 그것이 우리에게는 복이며, 하나님께는 최고의 예물이 될 것입니다.

화목은 서로 사는 길입니다(25-26절)

우리의 뇌腦는 '똑똑 바보'입니다. 똑똑한 것 같지만, 또 멍청할 때가 있다는 뜻입니다. 우리의 뇌는 두 가지를 모릅니다. 하나는 '주어主語'를 모릅니다. 상대방을 미워하고, 욕하고, 저주하는데 '그는' 멀쩡하고 건강합니다. 그러나 오히려 욕하는 '나는' 속에서 쓴 물이 올라오고 건강이 나빠지는 것을 경험합니다. 바로 뇌가 '주어主語'를 모르기 때문에 벌어지는 일입니다. 그러므로 예수를 믿는 우리는 용서하고 축복하고 사랑해야 합니다. 그러면 '내가' 복을 받고 건강하게 될 것입니다. 두 번째로 뇌는 '시제時制'를 모릅니다. '과거'에 받은 상처를 떠올리면 '지금' 속이 쓰리고, 마음이 아프고 우울증이 옵니다. 30년도 더 지난 일인데 지금 아픕니다. 뇌가 '시제'를 모르기 때문에 겪게 되는 현상입니다. 과거에 상처 준 사람도 용서해야, 지금의 내가 살 수 있습니다. <u>'화목'은 주님께서 우리에게 주신 지상명령입니다. 그것은 내가 사는 길입니다.</u>

이 말씀을 묵상하면서 떠오르는 속담이 하나 있었습니다. "원수는 외나무다리에서 만난다." 제가 신학대학원에 입학한 1987년은 시국時局이 어수선할 때였습니다. 입학한지 한 달쯤 지났을 때, 대자보大字報를 붙인 일로 2학년 학생 두 명이 학교로부터 무기정학을 받았습니다. 학교 당국의 부당한 처분에 격분한 저는 동급생 99명의 자퇴 결의서를 모아 투쟁했고, 결국 학교로부터 징계를 받게 되었습니다. 그러나 저는 이에 굴하지 않고 학내 투쟁에 돌입하여, 학교 재단의 비리를 밝혀내고 재단 사무국장의 소환을 요구했습니다. 그러나 사무국장 장로는 나타나지 않았습니다. 이에 체포조를 결성해서 그분이 다니는 교회 수요예배에 참석했습니다. 예배 마치고 나오는 사무국장을 체포하는 과정에서 격한 몸싸움을 벌였습니다. 이 소란으로 결국 그분은 학교 재단 사무국장에서 해

임이 되었습니다. 그 후로 4년이 지나서 제가 목사 안수를 받게 되었습니다. 그런데, 공교롭게도 해임된 사무국장의 교회에서 안수식이 열리게 되었습니다. 마음이 두근두근 거리는데 아니나 다를까 전화가 왔습니다.

"정성진 전도사입니까?"

"그렇습니다."

"당신 같은 사람은 우리 교회에서 목사 안수 받을 수 없습니다!"

"아, 올 것이 왔구나."

그래서 주일 저녁, 그 교회의 당회에 가서 간곡히 용서를 구했습니다. 처음에는 완고하던 그곳 당회원들도 차츰 누그러지더니 '그때는 철이 없어 그랬을 것'이라고 결국 용서해 주었습니다. 덕분에 저는 겨우 안수를 받을 수 있었습니다. 우리 교단에 8천 개가 넘는 교회가 있는데, 하필이면 그 교회에서 안수식이 열릴 게 뭡니까? 저는 그때 많은 것을 느꼈습니다.

그 후에 일산에서 목회를 할 때, 유독 우리 교회를 악질적으로 괴롭히는 사람이 하나 있었습니다. 그 사람이 생각날 때마다, 속으로 이를 갈았습니다. '악인惡人과는 상대하지 않겠다.'고 생각하면서 그와 상종하지 않았습니다. 그러던 어느 날, 지난 시간 동안 저를 용서해 준 사람들이 문득 하나둘씩 떠오르기 시작했습니다. 그리고 마음속에 '너도 그 인간을 용서해라. 영혼을 불쌍히 여기고 전도해라.' 그런 하나님의 음성이 들렸습니다. 그래서 만나 전도했고, 교회를 괴롭히던 그 사람은 결국 예수의 생명을 받은 주의 자녀로 다시 태어났습니다.

우리가 정의를 위해 수고하는 것은 반드시 필요합니다. 그러나 정도를 지나쳐서 내 방식대로 '시시비비를 가리겠다.', '따지고 넘어가야겠다.', '버릇을 고치고 말겠다.', '손 좀 봐야겠다.'고 생각한다면, 이는 결국 교만이 되고 맙니다. 시비를 가리는 일도 중요하지만, 우리는 화목하는 일에 더 힘써야 합니다. 지금 내가 화목을 회복해야 할 사람은 누구입니까? 화목은 우리가 하나님께 드릴 수 있는 최고의 예물이며, 내가 사는 길, 우리 형제와 이웃을 살리는 길입니다.

몸속을 파고드는 죄

또 간음하지 말라 하였다는 것을 너희가 들었으나 나는 너희에게 이르노니 음욕을 품고 여자를 보는 자마다 마음에 이미 간음하였느니라 만일 네 오른 눈이 너로 실족하게 하거든 빼어 내버리라 네 백체 중 하나가 없어지고 온 몸이 지옥에 던져지지 않는 것이 유익하며 또한 만일 네 오른손이 너로 실족하게 하거든 찍어 내버리라 네 백체 중 하나가 없어지고 온 몸이 지옥에 던져지지 않는 것이 유익하니라 또 일렀으되 누구든지 아내를 버리려거든 이혼 증서를 줄 것이라 하였으나 나는 너희에게 이르노니 누구든지 음행한 이유 없이 아내를 버리면 이는 그로 간음하게 함이요 또 누구든지 버림받은 여자에게 장가드는 자도 간음함이니라(마 5:27-32).

마태복음 5장 27-32절 말씀은 말하기가 껄끄럽고 어려우면서 또한 현실적인 문제인 '간음과 이혼'에 관한 이야기입니다. 요즈음은 이혼에 대해서 설교하기가 힘든 세상이 되었습니다. 이혼한 분들이 많기 때문입니다. 2012년 통계에 따르면, 우리나라의 혼인신고 건수가 327,073건이었습니다. 그리고 이혼한 경우는 무려 114,316건이나 됩니다(평균

이혼 연령: 남자 45.9세, 여자 42.0세). 평균 혼인 지속기간이 13.7년이고, 전체 이혼 가운데 20년 이상 살다가 이혼하는 경우가 26.4%로 가장 큰 비중을 차지하고 있습니다. 안타깝게도 현재 우리의 이혼율은 미국 다음으로 세계 2위를 달리고 있습니다.

결혼과 가정은 하나님께서 직접 세우신 신성한 제도입니다. 하나님께서 세상을 창조하실 때에 모든 것이 다 "보기에 좋았더라."고 하셨는데, 좋지 않았다는 것이 딱 하나 있었습니다. 바로 아담이 '독처獨處하는 것'이었습니다(창 2:18). 그래서 하나님께서 직접 하와를 지으셔서 아담과 짝이 되게 하셨습니다. 이처럼 결혼은 하나님께서 제정하신 제도이기에 성도는 이것을 '하나님 보시기에 좋도록' 지켜야 할 의무가 있습니다.

간음은 무서운 죄입니다(27절)

2015년 2월 26일, 형법 241조에서 규정하는 '간통죄'는 헌법재판소가 위헌違憲 결정을 내림에 따라 62년 만에 폐지되었습니다. 현대사회는 강제 추행에 관해서는 엄격하고, 합의된 간음에 대해서는 처벌하지 않습니다. 이것은 성적인 개방 풍조와 성적 자기결정권이라는 미명 앞에 나라의 법까지도 무릎을 꿇은 것입니다. 그러나 세상 법의 결정을 떠나서, 여전히 우리는 성경적으로 '간음姦淫'이 얼마나 무서운 죄인가를 알아야 합니다.

> 음행을 피하라 사람이 범하는 죄마다 몸 밖에 있거니와 음행하는 자는 자기 몸에 죄를 범하느니라(고전 6:18).

간음은 '몸 안에 짓는 죄'입니다. 몸 안에 짓는 죄이기 때문에 잘 씻기지가 않습니다. 집요하게 우리 내면을 파고듭니다. 그래서 몸을 부정하게 할 뿐만 아니라 결국 영혼을 망하게 합니다.

여인과 간음하는 자는 무지한 자라 이것을 행하는 자는 자기의 영혼을 망하게 하며(잠 6:32).

더구나 '간음'은 다른 죄를 양산합니다. 성적으로 부도덕한 사람이 공식 석상에서 당당하게 자신의 불륜 사실을 말하는 경우는 없습니다. 그렇다면 사회는 그를 파렴치한 인간으로 비난할 것입니다. 그래서 '간음'을 한 경우에, 대게 당사자들은 거짓말로 둘러댑니다. 그 사실을 은폐하려고 내연 남녀를 살해거나, 오히려 내연 남녀와 짜고 배우자를 죽이기까지 하는 일도 있습니다. 성경에서 성군 聖君이라는 다윗도 밧세바와 간통을 했을 때, 어떻게 했습니까? 그 사실을 은폐하기 위해서 밧세바의 남편 우리아를 사지 死地로 몰아넣어 죽였습니다. 결국 하나님께서 징계하셔서, 밧세바가 낳은 아이가 시름시름 앓습니다. 다윗이 금식을 하며 하나님께 용서를 구했지만, 하나님은 결국 그 아이를 데려가셨습니다. 이처럼 '간음'은 간음 자체로 끝나지 않습니다. 그것은 또 다른 죄들을 양산하기에, 그 결과는 매우 파괴적입니다.

결국 '간음'은 개인만이 아니라 가정과 공동체를 파괴합니다. 배우자와 자녀들의 마음에 치유할 수 없는 깊은 상처를 남깁니다. 그래서 성경은 '간음'을 개인적 차원의 죄로 국한시키지 않습니다.

어떤 남자가 유부녀와 동침한 것이 드러나거든 그 동침한 남자와 그 여자를 둘 다 죽여 이스라엘 중에 악을 제할지니라(신 22:22).

하나님은 간음한 자들을 엄벌하여 '이스라엘 공동체'에 미칠 악영향을 제거하라고 말씀합니다. 이처럼 간음은 인간의 영혼을 망가뜨리고 축복받은 가정을 파괴할 뿐만 아니라 사회적인 타락과 부패를 야기합니다. 그렇기 때문에 우리는 간음이 무서운 죄라는 것을 인정하고, 늘 경계해야 합니다.

마음의 간음이 있습니다(28-30절)

예수님은 육신의 간음만이 아닌 '마음의 간음'을 말씀하십니다.

음욕을 품고 여자를 보는 자마다 마음에 이미 간음하였느니라(마 5:28).

남자들은 아내가 옆에 있더라도, 다른 여자가 지나가면 반사적^{反射的}으로 쳐다봅니다. 그렇다면 이런 반사적이고 무의식적인 행동을 가리켜 음욕을 품고 여인을 바라본다고 할까요? 우리가 기억해야 할 것은 '성욕^{性慾}과 음욕^{淫慾}은 다르다는 것'입니다. 성욕은 하나님이 주시는 것이고, 음욕은 사탄이 주는 것입니다. 하나님은 성^性이라는 본능을 인간에게 주셨고, 남자는 특히 시각적^{視覺的}인 존재로 만드셨습니다. 그래서 지나치는 여자를 '무의식적'으로 쳐다보는 것은 음욕이라 할 수 없습니다. 그러나 아내가 아닌 다른 여자의 뒤를 '의도적'으로 따라간다든지, 마음속으로 야릇한 생각들을 떠올리고 그것에 집착하는 것은 음욕이 됩니다.

이와 관련해서 종교개혁자 마틴 루터의 말을 떠올릴 필요가 있습니다.

새가 머리 위로 날아가는 것은 막을 수 없지만 머리에 둥지를 트는 것은 막을 수 있다.

매력적인 이성이 지나갈 때, 그(그녀)를 무의식적으로 힐끔 쳐다보게 되는 것은 어찌할 수 없는 인간의 본능이지만, 그것이 내 생각을 장악하고 음욕이 내 머리 속에 둥지를 트는 것은 막을 수 있습니다. 모든 죄는 마음으로부터 시작됩니다. 그래서 성경은 말씀합니다.

모든 지킬 만한 것 중에 더욱 네 마음을 지키라 생명의 근원이 이에서 남이 니라(잠 4:23).

우리는 육신의 간음만이 아닌 '마음의 간음'이 있음을 인정하고 이를 경계해야 합니다.

부득이한 경우가 아니고는 이혼하면 안 됩니다(31-32절)

31절 말씀은 신명기 24장 1-4절을 인용한 것입니다. 모세는 아내에게서 '수치 되는(עֶרְוָה) 일'이 발견되면 이혼 증서를 써 주고 이혼하는 것을 허락하였습니다. 그런데 '수치 되는 일'이란 개념이 너무 포괄적이기 때문에 가부장적인 유대인 사회에서 이 율법 조항은 악용되기 쉬웠습니다. 예수님 시대에 바리새파는 진보적인 '힐렐(Hillel)' 학파와 보수적인 '샴마이(Shammai)' 학파로 양분되어 있었습니다. 이혼에 대해 보수적인 성향의 샴마이 학파는 간음 외에는 이혼할 수 없다고 가르쳤습니다. 그러나 힐렐 학파는 어떤 이유 때문이든 이혼이 가능하다고 생각했고, 심지어 '아내가 음식을 태우는 것,' '아내가 수다스러운 것,' '시부모에게 무례한 것,' '아내의 외모가 마음에 들지 않는 것,' '사소한 부부싸움'도

유대인의 이혼증서 (출처: 유대교 백과사전)

이혼 사유가 된다고 가르쳤습니다.[b. Gittin, 90a].

이런 관행의 피해자는 대부분 사회적 약자인 여성이었습니다. 예수님께서 '음행한 이유 없이 아내를 버리면 안 된다.'고 못 박으신 것은 바로 이런 상황 속에서 하신 말씀입니다. '이혼증서'라는 법적 절차로 아내를 버리는 잔인한 짓을 정당화해서는 안 됩니다. 성경은 배우자가 자신을 사랑한다면, 자기가 스스로 나서서 이혼을 주도하는 것을 허용하지 않습니다. 사도 바울은 불신[不信] 배우자일 경우, 그가 먼저 이혼하길 원할 때 그것을 허락할 수 있다고 합니다. 그런데 그가 만약 함께 살기를 원하면 그를 버리지 말라고 권면합니다(고전 7:12-15). <u>자신을 사랑하는 배우자를 버리는 것은 결코 하나님의 뜻이 아닙니다.</u>

저는 4살 때 아버지와 떨어져 살았습니다. 우리 어머니가 42세쯤 되었을 때였는데, 두 분 사이에 많은 어려움과 갈등은 있었지만, 이혼만은 끝까지 하지 않았습니다. 이 실낱같은 끈이 아버지를 잃지 않고, 자녀들의 상처를 최소화하고, 과부 소리 안 듣고, 영적으로 승리하는 계기가 되었습니다. 성경은 배우자를 귀히 여겨야 "기도가 막히지 않는다(벧전

3:7)."고 말씀합니다. 우리는 하나님의 뜻 안에서 사랑하고, 결혼하고, 서로 존중하며 살아가야 합니다. 그것이 영적 승리의 첩경입니다.

내 입술에
주의 진리를 채우소서

⋮

또 옛 사람에게 말한 바 헛 맹세를 하지 말고 네 맹세한 것을 주께 지키라 하였다는 것을 너희가 들었으나 나는 너희에게 이르노니 도무지 맹세하지 말지니 하늘로도 하지 말라 이는 하나님의 보좌임이요 땅으로도 하지 말라 이는 하나님의 발등상임이요 예루살렘으로도 하지 말라 이는 큰 임금의 성임이요 네 머리로도 하지 말라 이는 네가 한 터럭도 희고 검게 할 수 없음이라 오직 너희 말은 옳다 옳다, 아니라 아니라 하라 이에서 지나는 것은 악으로부터 나느니라(마 5:33-37).

우리말에 "고무신 거꾸로 신는다."는 말이 있습니다. 이 말의 어원에 대해서 제가 깊이 연구한 결론은 이렇습니다. 처녀 총각이 만나서 사랑이 무르익을 만하면, 군 입대 영장이 나옵니다. 전에는 군대 복무 기간이 길었습니다. 꼬박 3년을 복무했는데, 전방 산골짜기에 배치되면 1년에 한 번 휴가 나오기 어려웠습니다. 그런데 그 시절 처녀들은 일찌감치 시집을 갔습니다. 그러다보니 22세 꽃다운 나이에 연애하다 남자 친구가 입대하고, 제대할 때까지 3년을 기다리다 보면, 어느새 노처녀가 되는 것입니다.

애인이 빛나는 일등병 계급장을 달고 첫 휴가 나올 때 '금순이'는 집 밖에서 자신을 부르는 '삼돌이'의 소리에 고무신을 거꾸로 신은 채 달려 나가 반갑게 손을 잡고 감격의 눈물을 흘립니다. 그 후, 1년이 지나 상등병 달고 휴가 갈 날만 손꼽아 기다리는 삼돌이에게 편지 한 장이 날아옵니다. 금순이의 눈물 자욱이 남아 있는 편지를 받아 보니 부모님 성화에 못 이겨 맞선을 보았고 날을 잡았다는 것입니다.

억장이 무너지는 것 같은 안타까운 마음을 안고 휴가를 나왔지만 금순이는 "다른 사람과 약혼을 하고 더 이상 만날 수 없으니, 부디 건강하게 군 복무 잘하라."며 작별을 고합니다. 그때 사나이들은 고무신을 거꾸로 신고 마중 나오던 연인의 변심에 목 놓아 눈물을 흘리며 노래했습니다.

사나이 목숨 걸고 바친 순정 모질게도 밟아 놓고
지금은 어디에서 단꿈을 꾸고 있나
무너진 사랑탑아~!

우리는 많은 약속을 합니다. 그런데 약속은 지켜지는 경우보다, 지켜지지 않는 경우가 더 빈번합니다. 그래서 약속을 하는 두 당사자 사이에 제3의 보증인을 개입시키기 시작했습니다. 그러다가 하늘에 대고 약속을 하고, 혹은 신(神)의 이름을 걸고 약속을 하게 된 것입니다. 동서고금을 막론하고 약속을 잘 지키는 사람을 훌륭히 여기고 약속을 잘 지키는 사회를 선진사회라고 합니다. 마태복음 5장 33-37절 말씀은 성도들이 성실히 약속을 이행할 것을 당부합니다.

진실해야 합니다(33절)

마태복음 5장 33-34a절에서 예수님은 맹세를 아예 하지 말라고 하십니다.

또 옛 사람에게 말한 바 헛 맹세를 하지 말고 네 맹세한 것을 주께 지키라 하였다는 것을 너희가 들었으나 나는 너희에게 이르노니 도무지 맹세하지 말지니.

이 말씀을 문자 그대로 따르기 위해 퀘이커^{quaker} 교도들은 지금도 맹세하지 않습니다. 그런데 사실 구약에는 맹세에 대한 말씀이 많이 등장합니다. '하나님은 이스라엘을 가나안 땅에 인도하기로 맹세하셨다.'는 식의 표현을 자주 볼 수 있습니다(창 26:2-4, 50:4; 출 6:8, 13:11 등). 그리고 이스라엘 백성에게도 "네 하나님 여호와를 경외하며 그를 섬기며 그의 이름으로 맹세할 것이니라."고 말씀하신 바 있습니다(신 6:13 cf. 신 10:20). 이처럼 구약에는 맹세에 대한 긍정적인 구절이 많습니다. 그렇다면 구약성경에서 정당하게 취급한 맹세를 예수님께서는 왜 하지 말라고 하시는 걸까요? 이 구절만 보고 예수님이 맹세를 절대 금(禁)한 것으로 생각하면 안 됩니다. 예수님은 <u>맹세의 무용론(無用論)을 말씀하시는 것이 아니라, 말의 진실성(眞實性)을 요구하시는 것</u>입니다.

예수님 시대의 바리새파 가운데 보수적인 샴마이^{Shammai} 학파는 '말의 진실성'을 강조했습니다. 가령 우리는 결혼식에 참석하면 신부를 보고 "아름답습니다."라며 인사를 건넵니다. 그런데 샤마이 학파는 '외모가 아름답지 않은 신부에게는 아름답다고 말해선 안 된다.'고 주장했습니다. 좀 지나친 면이 있긴 하지만, 마음에도 없는 말을 하는 것도 거짓이라고 보고, 진실성이 결여된 말을 금한 것입니다. 이런 샴마이 학파 사람들은 "약속을 하고도 실천하지 않거나 변경하는 것은 우상숭배만큼 악하다."고 말했습니다. 그러나 당시 대다수의 유대인들은 함부로 맹세를 남발하고 그것을 또 소홀히 여길 뿐 아니라, 교묘한 궤변을 늘어놓으면서 자신의 헛된 맹세를 변호하는 경우가 많았습니다. 그러나 불리한 상황을 모면하고, 자신의 주장에 신빙성을 더할 요량으로 맹세를 운운하는 것은 '잠정적인 사기'입니다. 그래서 예수님은 차라리 맹세를 하지 말고, 있는 그대로를 진실하게 말하라고 가르치신 것입니다.

현대사회를 신용 사회라 말합니다. 모든 거래가 신용을 바탕으로 돈도 빌리고 거래가 이루어집니다. 반면에 신용을 잃어버린 사람은 돈도 빌릴 수 없고 거래도 할 수 없기 때문에 상당한 어려움을 겪습니다. 세상에서는 이러한 신용을 담보하기 위해 어쩔 수 없이 많은 서약, 보증, 계약 등이 필요합니다. 그런데 정말 이상적인 사회는 '모두가 진실하기에 따로 서약이 필요 없는 사회'가 아닐까요? 만약 "나는 예수 믿는 사람입니다!" 그리스도인의 이 한마디가 세상에서 계약서를 대신하고, 담보를 대신할 수 있는 신용보증이 된다면 얼마나 좋을까요? 우리의 믿음과 언어가 신용보증이 되는 날이 오게 되기를 간절히 소원합니다.

어디에서나 하나님을 의식해야 합니다(34-36절)

34b-36절에 예수님께서 '하늘로도 말라', '땅으로도 말라', '예루살렘으로도 말라', '네 머리로도 말라'고 말씀하신 배경은 이러합니다. 유대인들은 '하나님의 이름을 망령되이 일컫지 말라'는 제3계명을 피하기 위해서, 하나님의 이름 대신 하늘, 땅, 예루살렘성과 자기 자신의 머리, 즉 목숨을 걸고 맹세했습니다. 그러나 이런 맹세는 결국 얄팍한 요행에 지

나지 않습니다. 왜냐하면 하나님께서 지으신 하늘과 땅은 그의 보좌와 같은 것이기 때문에, 하늘과 땅에 대고 맹세하는 것은 결국 하나님께 대한 맹세가 됩니다. 또한 예루살렘은 하나님의 임재를 상징하는 성城이기 때문에 결국 이에 대한 맹세 역시 하나님께 대한 맹세와 다를 바 없습니다. 자기의 목숨을 걸고 하는 맹세도 마찬가지입니다. 생명이나 연령은 인간이 마음대로 어찌할 수 없는 것입니다. 인간의 생사화복은 오직 하나님께서 주관하십니다. 따라서 예수님은 '자기의 머리로도 맹세하지 말라.'고 말씀하신 것입니다. 하늘은 하나님의 보좌요, 땅은 하나님의 발등상이요, 예루살렘은 하나님의 성이요, 사람의 생명도 하나님의 것이요, 결국 이 세상에는 하나님께 속하지 않은 것이란 하나도 없습니다.

따라서 하나님의 이름으로 불리건, 불리지 않건, 그것이 문제가 아닙니다. 하나님은 이미 거기에 계십니다. 여기에 위대한 진리가 있습니다. 우리의 생활은 하나님과 관계있는 부분과 관계없는 부분으로 나눌 수 없습니다. 교회에서 쓰는 언어가 따로 있고, 세상의 삶에서 쓰는 언어가 따로 있을 수 없습니다. 교회에서의 행동기준과 직장에서의 행동기준이 다를 수 없습니다. 하나님은 어디에나 계십니다. 우리의 모든 행위를 지켜보시고 말을 듣고 계십니다. 그렇기 때문에 어디서나 '하나님 앞에 Coram Deo [코람 데오]'라는 마음가짐으로 살아가는 것이 거창한 맹세보다 더 중요합니다.

'예'와 '아니요'가 분명해야 합니다(37절)

우리는 주위에서 맹세 조調의 호언장담을 하는 사람들을 많이 볼 수 있습니다. '내 손에 장을 지지겠다,' '내가 성을 갈겠다,' '그러면 내가 사람이 아니다,' '그렇게 하지 않으면 내가 네 자식이다.' 그런데 이렇게 큰 소리치는 사람일수록 조심해야 합니다. 인간은 불완전하고 연약하기 때문입니다. 그래서 예수님은 차라리 맹세를 하지 말고, 있는 그대로 진실하게, '예'와 '아니오'를 분명히 말하라고 가르치십니다.

일제강점기 후반에 일본은 조선 사람들에게 신사참배를 강요하였습니다. 이에 한국 교회는 큰 시련을 맞게 됩니다. 1934년 총회에서 '교회의 신사참배 여부'가 안건으로 상정되었고, 총회장이 가부可否를 물었습니다. "신사참배는 종교의식이 아니고 국가의례이기 때문에, 참여하는 것이 옳다고 생각하는 사람은 '예' 하시오." 많은 사람이 "예"라고 대답했습니다. 총회장이 다시 "아니면 '아니요' 하시오."라고 할 때, 주기철 목사, 손양원 목사를 비롯한 몇 분이 "아니요!"라고 외쳤습니다. 결국 그들은 일본 경찰에 끌려 나가 감옥에 갇히게 되었고, 신사참배는 결의되고 말았습니다. 그때 참여한 수많은 목사들은 사실 '예'도 아니고, '아니요'도 아닌, 그저 묵묵히 침묵으로 일관했습니다. 침묵한 목사들도 결국 신사참배에 동조한 역사적 죄인들이나 마찬가지입니다. 진실과 거짓, 정의와 불의 앞에서 '아무 말도 하지 않았다.' 그것은 바로 죄입니다. 세상은 참과 거짓의 싸움입니다. 그 앞에서 우리는 '예'와 '아니오'를 분명히 말할 수 있어야 합니다. 지금 나 자신의 언어를 살펴봅시다. 얼마나 진실하고, 용감하며, 책임감이 있습니까?

이렇게
살 순 없을까?

⋮

또 눈은 눈으로, 이는 이로 갚으라 하였다는 것을 너희가 들었으나 나는 너희에게 이르노니 악한 자를 대적하지 말라 누구든지 네 오른편 뺨을 치거든 왼편도 돌려 대며 또 너를 고발하여 속옷을 가지고자 하는 자에게 겉옷까지도 가지게 하며 또 누구든지 너로 억지로 오 리를 가게 하거든 그 사람과 십 리를 동행하고 네게 구하는 자에게 주며 네게 꾸고자 하는 자에게 거절하지 말라(마 5:38-42).

2차 세계대전 후에 미국은 일본 점령군 사령관으로 맥아더 장군을 임명했습니다. 그런데 맥아더 장군은 전범戰犯인 일본 천황을 처벌하지 않았습니다. 오히려 천황 제도를 인정하고, 그대로 두었습니다. 왜 그랬을까요? 그것은 여러 가지 요인이 있겠지만 일본 사람들의 복수復讐 정신 때문이라는 설說이 있습니다.

도쿠가와 막부幕府 전성기 시절, 쇼군將軍 '도쿠가와 쓰나요시德川綱吉'는 1701년 정월을 맞아 천황에게 축하 사절을 보냈고, 천황은 그에 대한 답례로 칙사를 보냈습니다. 천황의 칙사를 대접하는 일을 맡은 자는 쇼군의 휘하 장수 '아사노 나가노리浅野長矩'였습니다. 그런데 천황의 칙사 '기라 요시나가吉良義央'가 자신을 무시하자 아사노는 칼을 휘둘러 그에게 부상을 입혔습니다. '쇼군의 거처에서 칼을 뽑아서는 안 된다.'는 법을 따라 쇼군은 아사노에게 할복切腹할 것을 명했고, 기라는 무죄 방면되었습니다. 졸지에 주인을 잃고 집과 영지를 몰수당한 아사노의 사무라이들은 낭인浪人이 되어 주인의 복수만을 꿈꾸었습니다. 그러다가 이듬해 12월 14일, 그들은 기라의 저택을 급습하여 그의 목을 베는데 성공합니다. 당시의 여론은 주인에 대한 그들의 충성과 의협심을 높이 샀으나, 쇼군은 그 일에 가담한 사무라이 46명 전원에게 할복을 명했습니다. 그들은 무사로서 명예로운 죽음을 선택했고, 주인의 묘 옆에 나란히 묻혔습니다. 이 이야기는 훗날 "주신구라忠臣藏"라는 소설로 나오게 되었고, 그들의 정신은 일본 국민들의 마음에 충忠과 의義의 사표로 남게 되었습니다.

이렇게 주인을 위해 반드시 복수하는 사무라이 정신을 맥아더가 두려워하여 일본의 천황을 그대로 인정했다는 설이 생겨났습니다. 세상은 복수를 당연히 생각하고 심지어 자랑스럽게 생각합니다. 그러나 마태복음 5장 38-42절에서 예수님은 '복수를 하지 말라.'는 충격적인 말씀을 하십니다. 어떻게 그것이 가능할까요?

복수심을 비워야 합니다(38절)

38절에서 예수님이 말씀하신 것처럼, 구약성경은 상해傷害에 대해서 '눈은 눈으로, 이는 이로, 손은 손으로, 발은 발로 갚으라.'고 말씀합니다(출 21:24; 레 24:20; 신 19:21).

약 BC 1750년에 제작

1901년 프랑스 탐험가가 이란의 수사(Σοῦσα)에서 발굴. 높이 2.25m의 현무암 기둥에 바벨론 왕 함무라비가 282개의 법조항을 새긴 비석.

이는 소위 '탈리오의 법칙 Lex Talionis'으로 불리는 동해 보복법 同害報復法입니다. 피해자가 입은 피해와 같은 정도의 손해를 가해자에게 가한다는 보복의 법칙입니다. 고대 함무라비 법전 Code of Hammurabi 에서도 이와 유사한 법조항들이 발견되듯이, 동해 보복법은 고대 근동지방에서 보편적으로 받아들여졌던 법률입니다. 이는 정의 관념의 원시적 표현인데, 무제한 복수를 하던 원시 사회에서 동해 보복의 수준으로 보복의 범위를 제한하여 권력의 질서 하에 둔 것입니다. 그래서 무차별적이고 무제약적인 복수의 대물림을 방지하고자 했습니다.

1세기 유대인들에게 이러한 동해 보복법은 당연하게 받아들여졌습니다. 그들은 이 율법을 일종의 의무로까지 생각했습니다. 그런데 예수님

듣고 행하라 하신 산상수훈 …

은 그런 복수를 아예 하지 말라는 충격적인 말씀을 하십니다. 사실, 이 말씀은 읽으면 읽을수록, 들으면 들을수록 어렵게 느껴집니다. '과연 누가 이렇게 할 수 있을까?' 그렇습니다. 인간적으로 볼 때는 힘든 내용입니다. 그러나 예수님은 말씀하셨습니다.

사람으로는 할 수 없으나 하나님으로서는 다 하실 수 있느니라(마 19:26).

이 일은 성령께 붙들려야만 가능합니다. 손양원 목사님은 두 아들을 죽인 원수를 용서하고, 오히려 그를 양자로 삼았습니다. 인간의 본성으로서는 도저히 할 수 없는 일입니다. 오직 하나님의 영인 성령께 붙들려야만 인간의 본성을 내려놓고 그분의 뜻에 순종할 수 있습니다.

선으로 악을 이겨야 합니다(39-41절)

39절에 예수님은 "오른편 뺨을 치거든 왼편도 돌려대라."고 말씀하십니다. 한번 서로 마주보고 뺨을 때려 보십시오. 오른손잡이가 상대방의 오른편 뺨을 치려면 손바닥으로 때릴 수 없습니다. 상대방의 오른편 뺨을 오른손으로 때리기 위해서는 손등으로 때릴 수밖에 없습니다. 랍비들은 '손등으로 사람을 치는 것은 손바닥으로 때리는 것보다 두 배의 모욕을 주는 것'이라고 설명했습니다. 율법에 따르면, 오른편 뺨을 맞았을 때 똑같이 상대의 오른편 뺨을 쳐야 마땅하겠지만, 예수님께서는 차라리 왼편도 돌려대서 맞으라고 하십니다. 이 말씀은 결국 선善으로 악惡을 이기라는 뜻입니다. 이 말씀을 묵상하면서 떠오르는 한 사건이 있었습니다.

미국 펜실베니아주의 니켈마인즈Nickelmines에 가면 아미시Amish 교파 성도들의 마을이 있습니다. 이들은 현대 문명을 거부하는 매우 보수적인 기독교인들입니다. 그래서 지금도 자동차 대신 마차를 타고 다니고, 전화기나 컴퓨터도 사용하지 않습니다. 국가와 종교를 분리해야 한다는 믿음 때문에 국가로부터 어떤 형태의 도움도 받지 않고 농축산물로 자급자족을 합니다. 그러나 이 조용한 마을에 2006년 10월 2일 세상을 경악케 한 사건이 일어났습니다.

평소 우유를 배달하던 찰스 칼 로버츠$^{\text{Charles Carl Roberts}}$라는 남자가 기관총과 권총으로 중무장을 하고 이 마을의 초등학교를 습격합니다. 6-10세 사이의 여학생 10명을 인질로 잡고, 출동한 경찰과 대치를 합니다. '왜 이런 일을 벌이는가?' 물었을 때, 그는 미숙아로 태어난 자신의 딸이 죽자 하나님이 원망스러워서 복수하고 싶었다는 것입니다. 그래서 "아미시 사람들이 하나님을 잘 믿는다고 하니까, 대신 이 사람들을 죽여야겠다."고 말했습니다. 결국 아이들을 향해 총을 난사한 후, 자신도 자살을 선택했습니다. 10명의 아이들 가운데, 5명은 죽고, 나머지 5명은 큰 부상을 입었습니다. 이 사건이 미국 전역에 보도되면서, 많은 사람들이 분노했고, 곳곳에서 부상당한 아이들의 치료를 위한 성금이 답지했습니다.

여기까지는 미국에서 반복된 총기사고와 다를 바 없었습니다. 그런데 아미시 사람들은 이후 다른 반응을 보입니다. 사고가 난 후 몇 시간 만에 아미시 마을의 쉥크 목사$^{\text{Rev. Schenck}}$는 경찰에서 "찰스 로버츠는 내 손녀를 죽였지만, 우리는 그를 정죄하지 않는다."고 진술합니다. 그리고 수십 명의 아미시 사람들은 살인자 찰스 로버츠의 장례식에 참여합니다. 그곳에 몰려든 기자들에게 아미시 사람들은 말합니다. "심판하는 것은 하나님의 몫이다. 우리는 그를 용서한다. 찰스 로버츠 역시 아픈 과

거의 피해자이다." 그러면서 자신들이 받은 성금의 일부를 나누어 찰스 로버츠의 유족에게 전달했습니다. 이 소식을 전해 들은 미국 사회는 다시 한 번 충격을 받습니다. 그동안 아미시 사람들은 그저 독특한 종교인들이라고 생각했는데, 이 사람들이야말로 '말씀대로 사는 것이 무엇인지,' '진정한 용서가 무엇인지'를 몸소 보여 주었다는 것입니다. 이처럼 선^{善}으로 악^{惡}을 이기는 것은 우리 인간의 본성과 능력으로 불가능합니다. 오직 성령의 도우심을 구하고 그분께 붙들려야 합니다. 그래야 우리가 변화되고, 우리를 바라보는 세상이 달라질 수 있습니다.

아낌없이 주어야 합니다(40-42절)

우리 생활과 밀접한 동물 중에, 소는 일생동안 사람을 위하여 자신의 전부를 내어 줍니다. 우리는 소의 고기와 내장을 먹을 뿐 아니라, 뼈는 설렁탕과 곰탕, 꼬리는 꼬리곰탕, 가죽으로는 옷을 만들고, 뿔은 여러 가지 장식용으로 씁니다. 심지어 소똥까지도 거름으로 씁니다. 100% 이용합니다. 소가 살아 있을 때는 농사철에 밭을 갈고, 짐을 운반할 때는 수레를 끕니다. 아들이 대학에 가면 소를 팔아서 학비를 대기도 했습니다. 그래서 소를 '생구'라고 불렀습니다. 소는 정말 인간을 위해 자신을 아낌없이 내어 주는 존재입니다. 예수님은 우리들에게 이런 존재가 될 것을 요구하십니다.

40절에 "속옷까지 가지고자 하는 자에게 겉옷까지도 가지게 하며."라는 말씀은 이런 뜻입니다. 속옷은 무명이나 아마로 만드는 것으로 가난한 사람도 한 벌 정도 여유를 가지고 있습니다. 그러나 겉옷은 '담요'와 같은 외투로 가난한 사람들에게는 밤에 이불 대용으로 사용되는 것입니다. 그렇기 때문에 율법은 속옷을 저당 잡을 수는 있어도, 겉옷은 저당 잡을 수 없다고 합니다(출 22:26-27). 그런데 예수님은 누가 속옷을 갖고자 원하면 겉옷도 주라고 하십니다. 세상 사람들은 자신의 권리를 절대 양보하지 않을지라도, 성도들은 선^{善}을 위해 희생을 감수할 수 있어야 한다는 말씀입니다.

41절에서는 "억지로 오 리를 가게 하거든 그 사람과 십 리를 동행하고."라고 말씀하십니다. 예수님 당시 팔레스타인 지역을 지배하던 로마 군인들은 길 안내나 군수물자 운반에 필요한 노동력을 징발할 권리가 있었습니다. 예수님이 십자가를 지고 골고다 언덕을 오를 때 지쳐 쓰러지시자, 로마 군병이 곁에 있던 구레네 사람 시몬에게 십자가를 대신 지게 한 것도 이런 강제규정 때문이었습니다. 강제로 징발을 당한 사람은 속으로 "재수 옴 붙었다."고 투덜거릴 것입니다. 이를 갈면서 욕도 할 수 있겠지요. 그러나 예수님은 수고로운 부탁을 받을 때, 원한에 찬 마음으로 하지 말고, 호의에 찬 마음으로 기꺼이 응대하라고 말씀하셨습니다.

이처럼 신앙은 세상과 다른 기준을 갖고 사는 것입니다. 복수가 일반적인 사회에서, '복수하지 말라.'는 새로운 계명을 주시고, 손해를 보더라도 '거절하지 말고 주라(40-42절).'고 하십니다. 우리들이 세상의 기준을 따라 살아가면 쉽게 인생을 살 수는 있지만, 결코 그리스도인다운 삶은 살 수 없습니다. 주님이 제시하신 높은 차원의 삶을 살아가려면, 희생이 따르는 것이 틀림없습니다. 그러나 우리가 선^{善}을 위해 손해도 감수하고 수고한다면, 우리를 바라보는 세상도 달라질 것입니다. 그것이 우리 성도들을 향한 하나님의 '높은 부르심'입니다.

사랑은 닮는 것을,
님처럼 살으리라

⋮

또 네 이웃을 사랑하고 네 원수를 미워하라 하였다는 것을 너희가 들었으나 나는 너희에게 이르노니 너희 원수를 사랑하며 너희를 박해하는 자를 위하여 기도하라 이같이 한즉 하늘에 계신 너희 아버지의 아들이 되리니 이는 하나님이 그 해를 악인과 선인에게 비추시며 비를 의로운 자와 불의한 자에게 내려주심이라 너희가 너희를 사랑하는 자를 사랑하면 무슨 상이 있으리요 세리도 이같이 아니하느냐 또 너희가 너희 형제에게만 문안하면 남보다 더하는 것이 무엇이냐 이방인들도 이같이 아니하느냐 그러므로 하늘에 계신 너희 아버지의 온전하심과 같이 너희도 온전하라(마 5:43-48).

위의 제목은 제가 고등학교 때 읽었던 현대 시조의 한 구절입니다. 누가 지은 것인지 기억도 나지 않고 찾을 수도 없습니다. 그러나 이 시구詩句가 저의 가슴에 새겨져 있습니다.

사랑은 닮는 것을, 님처럼 살으리라.

때로 오누이처럼 닮은 부부를 만나는 경우가 있습니다. 그러면 사람들은 "금슬이 좋은가 보다."고 말합니다. 그리고 보면 외모가 닮은 부부의 금슬이 대체로 좋습니다. 처음부터 닮은 것인지 살아가면서 '한 사랑', '한 믿음'을 갖고, 잠도 같이 자고, 밥도 물도 같이 먹다 보니 닮은 것인지는 모르겠습니다. 고하간 사랑하면 보이게 되고, 보이면 알게 되고, 알게 되면 하나가 되는 것이 사랑의 이치입니다. 우리가 예수님과 동거하는 삶을 산다면, 우리 역시 예수님을 닮아가지 않을까요? "사랑은 닮는 것을, 예수님처럼 살으리라." 예수님처럼 향기롭고, 예수님처럼 순결하고, 예수님처럼 사랑하는 삶을 꿈꿔 봅니다.

원수까지도 사랑해야 합니다(43-44절)

"원수를 사랑하라."는 말씀은 아마도 산상수훈에서 가장 유명한 구절일 것입니다. 그래서 믿지 않는 분들까지도 익히 잘 알고 있는 말씀이지요. 예전에 어떤 집사님께서 전도하실 때, 성경에 대해 회의적인 생각을 갖고 있는 사람을 만났습니다. 예수님께서는 "원수를 사랑하라."고 하면서, 정작 누가복음 19장에서는 "저 원수를 끌어다 내 앞에서 죽이라."고 했으니 서로 모순이라는 것입니다. 실제로 누가복음 19장 '므나의 비유' 말미에, 예수님은 "내가 왕 됨을 원하지 아니하던 저 원수들을 이리로 끌어다가 내 앞에서 죽이라 하였느니라(눅 19:27)."고 말씀하십니다. 액면적으로 보면 "원수를 사랑하라."는 가르침과 분명 모순이 되는 것이 사실입니다. 과연 예수님의 가르침은 모순일까요?

성경에서 '원수'로 번역되는 단어는 'ἐχθρός[엑트로스]'입니다. 이 단어는 크게 2가지 의미로 성경에서 사용됩니다. 첫째, 인간관계에서의 원수. 둘째, 하나님의 원수 사탄의 세력입니다. 후자後者의 경우, 대표적인 예로 '가라지의 비유(마 13:24-30)'를 들 수 있습니다. 세상에 알곡과 같은 자들도 있지만, 가라지 같은 자들도 있는데, 그들의 배후에는 '원수(사탄, 13:28)'가 있습니다. 사탄의 세력과 그의 추종자들은 반드시 최후 심판을 통해 합당한 처벌을 받게 된다는 말씀입니다. 누가복음 19장 '므나의 비유' 역시 최후 심판에 대한 비유입니다. 여기서 '예수님의 왕 됨'을 거부하는 '원수들'의 배후에는 누가 있을까요? 바로, 사탄의 세력입니다. 사탄의 추종자들은 최후 심판에서 멸망하게 된다는 것입니다.

물론 '사랑의 하나님이 왜 사탄의 세력을 심판하느냐?'고 물을 수 있습니다. 그러나 사탄의 세력을 심판하지 않는 하나님은 과연 정의의 하나님일까요? 하나님은 심판을 통해 정의를 실현하십니다. 그러나 우리는 심판자가 아닙니다. 사탄의 세력인지 아니면 하나님이 예정하신 하나님의 자녀인지는 우리가 당장에 판단할 수 없습니다. 심판은 하나님의 몫입니다. 지옥의 자식이 될지, 천국의 자식이 될지는 오직 하나님만이 아시고, 최후 심판 때에 결정될 일입니다. 그래서 심판은 하나님께 맡기고, 그 결과를 지금 당장 모르는 우리들은 서로 사랑하는 것이 가장 최선입니다. '내'가 심판자가 되어 '내'게 못마땅한 사람을 원수 취급하고 사탄의 자녀 취급한다면 결국 기준은 '하나님'이 아닌 '내'가 됩니다. 모든 사람들이 이런 식이라면 세상은 곧 아비규환이 될 것입니다. 우리는 주위의 모든 사람들이 하나님의 자녀로 거듭나기를 소망하며, 그들을 사랑하기에 힘써야 합니다.

하나님의 마음을 품어야 합니다(45절)

본문 45절은 하나님의 성품에 대해 말씀해 주십니다.

> 하나님이 그 해를 악인과 선인에게 비추시며 비를 의로운 자와 불의한 자에게 내려주심이라.

하나님은 죄를 짓고, 악한 일을 저지른 자라 할지라도 기본적인 필요는 공급해 주십니다. 하나님은 죄인, 악한 자, 실패한 자에게 기회를 주시고, 기다리시는 분이란 뜻입니다. 하나님께서 악한 사람들을 그때마다 곧바로 응징하신다면, 세상에는 살아남을 자가 없을 것입니다. 그래서 우리가 <u>하나님의 마음을 품는 것은 기회를 주는 것이고, 기다려 주는 것</u>입니다.

누구나 IBM이라는 컴퓨터 회사를 알고 있습니다. 그 회사를 설립한 사장은 톰 왓슨이라는 사람이었습니다. 오래 전에 젊은 부사장이 찾아오더니 신제품 개발계획을 제안합니다. 왓슨 사장이 볼 때는 자칫 크게 손해를 볼 수도 있는 모험적인 시도였습니다.

"자네, 과연 이 사업이 성공할 수 있을까?"

그때 부사장은 자신 있게 대답했습니다.

"원래 사업이란 게 위험 부담이 클수록 큰 수입을 올릴 수 있지 않습니까?"

그래서 부사장의 계획대로 신제품 개발 사업을 추진했습니다. 그런데 그게 쫄딱 망하면서 회사에 1천만 달러 손실을 초래했습니다. 그 여파로 회사가 망하고, 수만 명의 직원이 길바닥에 나앉을 상황이 되자, 부사장은 너무 괴로워서 사표를 내고 떠날 생각을 합니다. 왓슨 사장을 찾아 가서 사직서를 제출했습니다. 그런데 사장은 정색을 하면서 말을 했습니다.

"이봐, 무슨 소린가. 나는 자네를 교육하는 데 무려 1천만 달러를 들였는데. 실패는 성공의 과외비일세. 다시 시작하게."

사장의 따뜻한 격려에 힘을 내더니, 부사장은 다시 한 번 도전해서 신제품 개발에 성공을 합니다. 왓슨 사장은 기회를 주고 기다려 줄줄 아는 사람이었습니다.

처음부터 완벽하고, 하루아침에 변화되는 사람은 없습니다. 기회를 주고, 기다려 줘야 합니다. 예수님의 제자들도, 부름받자마자 별안간 세상을 뒤집어 놓는 일꾼들이 된 것이 아닙니다. 시간이 걸렸습니다. 예수님께 직접 3년을 훈련 받았지만, 그 와중에 실수와 실패를 거듭했습니다. 심지어 예수님을 저주하고, 배신까지 했습니다. 그래도 예수님은 다시 기회를 주셨고 기다려 주셨습니다. <u>잘못했다면, 후회하게 만들지 말고, 회개할 기회를 주는 것이 기독교 정신입니다.</u> 우리는 너무 섣부른 결론을 내리고 '악인'으로, '원수'로 낙인찍고 있지는 않습니까? 변화에는 과정이 필요합니다. 시간이 필요하고 실패를 해도 다시 기회를 줄 때, 회복이 있고, 생명이 살아납니다. 악인에게도 기회를 주시고, 기다려 주시는 것이 하나님의 마음입니다.

다른 기준으로 살아야 합니다(46-48절)

예수님께서는 당시 유대인들이 경멸하던 세리와 이방인들을 언급하시며, 제자들의 기준이 그들과는 달라야 한다고 가르쳐 주십니다.

> 너희가 너희를 사랑하는 자를 사랑하면 무슨 상이 있으리요 세리도 이같이 아니하느냐 또 너희가 너희 형제에게만 문안하면 남보다 더하는 것이 무엇이냐 이방인들도 이같이 아니하느냐(46-47절).

자신을 사랑해 주는 사람을 사랑하기란 전혀 어렵지 않습니다. 그런 조건적인 사랑은 세상의 일반적인 기준입니다. 그러나 예수님께서는 그러한 세상의 기준을 넘어 설 것을 요청하십니다. 그 기준은 '원수를 사랑하는 것'이며, 하나님의 온전하심과 같이 온전케 되는 것입니다(48절). 이것은 너무나 엄청나고 부담스러운 요구가 아닌지요? '온전(穩全)하다'는 '잘못된 것이 없이 바르거나 옳다'는 뜻입니다. 어떻게 인간이 온전해질 수 있겠습니까?

'온전하다'에 해당하는 헬라어 형용사는 'τέλειος[텔레이오스]'입니다. 이 'τέλειος[텔레이오스]'는 명사 'τέλος[텔로스]'에서 파생된 것인데, 'τέλος[텔로스]'는 '끝^{end}', '목적^{goal}'이란 뜻을 갖고 있습니다. 다시 말해서, <u>'온전함'은 결점 없는 완벽함이라기보다는 '하나님께서 우리를 지으신 목적을 이행하는 것'</u>입니다. 하나님은 사랑이십니다. 그래서 하나님의 목적을 가장 잘 이행하는 길은 하나님을 닮아 우리도 사랑을 실천하는 것입니다. 어느 부자 청년에게 예수님께서 말씀하셨습니다.

네가 온전하고자(τέλειος) 할진데, 가서 네 소유를 팔아 가난한 자들에게 나누어주라(19:21).

받았으니 베풀라는 것이 아닙니다. 그런 조건적인 사랑은 세상의 기준입니다. '온전함'은 받지 않아도 줄 수 있는 사랑입니다. 하나님의 기준은 조건을 초월한 사랑입니다. <u>온전한 신앙은 세상과는 다른 기준으로 사랑하는 것입니다.</u>

1948년 10월 19일, 여순반란 사건이 일어났습니다. 불과 4시간 만에 여수 시내와 경찰서, 파출소, 군청, 기차역 등 주요 기관을 장악한 반도

叛徒들이 순식간에 순천까지 점령했습니다. 여순 사건 당시 손양원 목사님의 아들 동인 군은 순천사범학교 졸업반이었는데, 평소 기독학생회장으로 좌익 활동을 저지하고 복음 전파에 앞장섰습니다. 여순반란 사건으로 세력을 얻은 좌익 학생들은 동인 군을 붙잡아 매질을 했습니다. 동인 군은 정신없이 매를 맞는 중에서도 전도를 했습니다. 결국 총살형을 당하게 될 때, 동생 손동신이 "형 대신 나를 죽이라!"고 나섰고, 그러다가 함께 순교를 하고 말았습니다. 10월 25일, 손양원 목사님은 교회에서 부흥사를 모시고 부흥회를 하던 중에 그 비보를 듣습니다. 부흥회를 인도하러 오셨던 목사님은 졸지에 장례식을 주관했습니다. 장례식 답사를 하면서 손양원 목사님은 9가지 감사를 드렸습니다.

1. 나 같은 죄인의 혈통에서 순교의 자식들을 나게 하시니 감사합니다.
2. 허다한 많은 성도 중에 이런 보배를 나에게 주셨으니 감사합니다.
3. 3남 3녀 중에서 가장 귀중한 장남과 차남을 바치게 하셨으니 감사합니다.
4. 한 아들의 순교도 귀하거늘 하물며 두 아들이 함께 순교했으니 감사합니다.
5. 예수 믿고 와석종신(臥席終身)해도 복이라 했는데, 전도하다 총살 순교했으니 감사합니다.
6. 미국 가려고 준비하려던 아들이 미국보다 더 좋은 천국 갔으니 감사합니다.
7. 내 아들을 죽인 원수를 회개시켜 아들을 삼고자 사랑의 마음을 주시니 감사합니다.
8. 내 아들의 순교의 열매로서 무수한 천국의 열매가 생길 것을 믿고 감사

합니다.
9. 역경 속에서도 하나님의 사랑을 깨닫게 하시고 이길 수 있는 믿음 주시니 감사합니다.

장례식을 마친 후에 손양원 목사님은 부산군인교도소를 찾았습니다. 그리고 아들을 죽인 안재선이라는 청년을 전도하고, 탄원서를 제출하여 석방시켰습니다. 이 청년은 손 목사님의 양자(養子)가 되어 '손인선'으로 이름을 개명하고 새로운 삶을 찾게 됩니다. 진실로 손양원 목사님은 세상과는 다른 기준을 갖고 사랑하셨던 분이었습니다.

이런 일이 어떻게 가능할까요? 그 열쇠가 본문에 있습니다. 바로 "너희를 박해하는 자를 위하여 기도하라."는 말씀입니다. 도를 닦는다고 되는 것이 아니고, 참는다고 되는 것이 아닙니다. 기도 외에 다른 것으로는 될 수 없습니다. "원수까지도 사랑하라니, 나는 못하겠습니다!" 포기부터하지 마시고 예수님의 사랑이 내게 임하도록 기도하시기 바랍니다. 십자가에 달리신 예수님께서는 자신을 못 박는 원수들을 위해 기도하셨습니다. 사랑의 예수님처럼 살게 하옵소서.

사랑은 닮는 것을, 예수님처럼 살으리라.

마태복음 6장

하늘에 계신 우리 아버지여 이름이 거룩히 여김을 받으시오며
나라가 임하시오며 뜻이 하늘에서 이루어진 것 같이 땅에서도 이루어지이다
오늘 우리에게 일용할 양식을 주시옵고
우리가 우리에게 죄 지은 자를 사하여 준 것 같이 우리 죄를 사하여 주시옵고
우리를 시험에 들게 하지 마시옵고 다만 악에서 구하시옵소서
(나라와 권세와 영광이 아버지께 영원히 있사옵나이다 아멘) (마 6:9-13).

외식 산업에
종사하십니까?

⋮

사람에게 보이려고 그들 앞에서 너희 의를 행하지 않도록 주의하라 그리하지 아니하면 하늘에 계신 너희 아버지께 상을 받지 못하느니라 그러므로 구제할 때에 외식하는 자가 사람에게서 영광을 받으려고 회당과 거리에서 하는 것 같이 너희 앞에 나팔을 불지 말라 진실로 너희에게 이르노니 그들은 자기 상을 이미 받았느니라 너는 구제할 때에 오른손이 하는 것을 왼손이 모르게 하여 네 구제함을 은밀하게 하라 은밀한 중에 보시는 너의 아버지께서 갚으시리라(마 6:1-4).

국어사전에 보면 '외식'이라는 두 개의 단어가 나옵니다.

1. 외식(外食): 가정 밖에서 음식을 사 먹음(반대말: 가정식).
2. 외식(外飾): 바깥쪽을 꾸밈(반대말: 내실(內實)).

우리나라가 인구비례로 볼 때 음식점 숫자가 세계에서 가장 많은 나라라는 사실을 아십니까? 세계 어느 곳을 가 보아도 우리나라만큼 음식

듣고 행하라 하신 산상수훈 …

점이 많은 나라는 없습니다. 그것이 통계상으로도 입증됩니다. 2011년 통계를 보면, 전국에 음식점은 586,297개소, 좌석 수는 24,381,000석(평균 42석), 이중 14.6%(86,430개소)가 프랜차이즈 가맹점입니다. 인구 1,000명당 음식점 숫자를 볼 때, 미국은 1.8개소, 한국은 12.2개소로 미국에 비해 음식점이 7배나 많은 것으로 나타났습니다. 우리나라만큼 외식外食 문화와 산업이 발달한 나라는 없습니다.

반면에 마태복음 6장 1-4절은 같은 표현이지만, 겉을 꾸미는 외식外飾에 대한 말씀입니다. 본문 2절에서 언급하는 '외식하는 자'의 헬라어 원어는 'ὑποκριτής[휘포크리테스]'입니다. 이 단어의 문자적인 뜻은 '배우', '연기자playactor'입니다. 우리가 알고 있듯이, '명배우名俳優'란 천 개의 얼굴을 가진 사람입니다. 악인으로 나왔다, 천사로 나왔다. 거지로 나왔다, 재벌로 나왔다. 천재가 되기도 하고 바보가 되기도 합니다. 자기 본래의 모습이 아닌, 각본을 따라 꾸며진 모습을 연출합니다.

우리말 '외식'이라는 두 개의 단어는 시사하는 바가 있습니다. 외식外食이 입에 맛있다 해도 매일 할 수 없는 것이고, 가정식을 꾸준히 해야 건강에 좋습니다. 마찬가지로 외식外飾과 위선으로 일관하는 인생은 건강한 인생이 될 수 없습니다. 연극은 무대에서 하는 것이지 실제의 삶 속에서는 가면을 벗고 진실한 모습으로 사람을 대해야 합니다. 우리는 자신이 혹여 외식外飾을 일삼는 '외식外飾 산업'에 종사하고 있지는 않은지 자문해 보아야 합니다.

보이려고 하는 행위를 조심해야 합니다(1절)

『중용』中庸에는 다음과 같은 말이 있습니다.

숨겨져 있는 것보다 더 잘 보이는 것이 없고, 아주 작은 것보다 더 잘 드러나는 것이 없다. 그러기에 군자는 홀로 있을 때 스스로 삼간다(莫見乎隱 莫顯乎徵 故君子愼其獨也).

우리 선조들은 이런 경지에 오른 상태를 '신독愼獨'이라고 하여 개인 수양의 최고 단계로 꼽았습니다. 그런데 사실 우리 같은 범인凡人은 무슨 일을 하든지 누가 봐 주기를 원하는 속물근성이 있습니다. 예수님은 우리에게 그러한 마음을 조심하라고 말씀하신 것입니다.

사람에게 보이려고 그들 앞에서 너희 의를 행하지 않도록 주의하라 그리하지 아니하면 하늘에 계신 너희 아버지께 상을 받지 못하느니라.

예수님 당시 바리새인과 서기관 같은 유대의 종교지도자들은 구제, 기도, 금식에 힘썼습니다. 지금 우리로서는 도저히 따라갈 수 없을 정도로 철저히 했습니다. 존경받아 마땅하고, 칭찬받아 마땅한 사람들입니다. 그런데 예수님은 그들을 책망하셨습니다. 왜 그러셨을까요? 본문에 그 이유가 나오는데, 바로 '사람에게 보이려고' 선행을 했기 때문입니다. 하나님께서는 '사람의 중심中心'을 감찰하시기에, 거룩해 보이려는 '연기演技'에 속지 않으십니다. 사실 '거룩'을 연기하는 신앙은 늘 피곤합니다. 남들을 의식하고, 자신이 아닌 다른 사람을 흉내내는 것은 억지스러운 일이기 때문에, 쉽게 지칩니다. 집에서는 하루 종일 있어도 지치지 않습니다. '거룩'을 연기할 필요가 없기 때문입니다. 그러나 교회에 나와 '거룩한 연기'를 하게 되면, 한두 시간 있다가도 곧 피곤해집니다. '거룩'은 겉치레가 아닌 속사람의 성품이 되어야 자연스럽습니다. 그래야 '거룩'이 우리에게 '짐'이 아닌 '힘'이 될 수 있습니다.

영광을 얻으려고 부는 나팔을 조심해야 합니다(2절)

　직업 중에는 자기를 드러내야 하는 직업이 많이 있습니다. 특히 물건을 파는 사람들은 모든 수단을 동원해서 소비자들이 보고 들을 수 있도록 '나팔'을 불어야 합니다. 그 분야의 물건하면 '그 제품'이 생각날 수 있도록 엄청난 광고를 합니다. 그래서 우리가 내는 물건 값에 절반 이상은 광고에 드는 '나팔 비용'입니다. 감기약하면 ○○○, 소화제 하면 ○○○, 핸드폰 하면 ○○핸드폰, 우유하면 ○○우유. 이렇게 소비자의 뇌리에 새겨지려면, 회사에서는 얼마나 많은 광고의 나팔을 불어야겠습니까?

　그런가 하면 나팔 부는 것을 조심해야 하는 사람들도 있습니다. 국가정보원 종사자들은 '음지에서 일하고, 양지를 지향한다.'는 구호를 내걸 만큼, 양지(陽地)를 위해 음지(陰地)에서 소리 없이 일합니다. 그리고 직업 중에 '비서'도 자신을 드러내는 직업이 아닙니다. '비서(祕書)'라는 말 자체의 뜻이 '그림자 같이 뒤에서 보조하는 일'이기 때문입니다. 신앙인들도 마찬가지입니다. 자기가 영광을 얻으려고 나팔을 불면 안 됩니다. 구제(救濟)는 하나님의 구원과 사랑에 보답하기 위한 이웃 사랑의 실천수단입니다. 따라서 구제하는 자는 결코 스스로를 과시하면 안 됩니다.

　그러므로 구제할 때에 외식하는 자가 사람에게서 영광을 받으려고 회당과 거리에서 하는 것 같이 너희 앞에 나팔을 불지 말라 진실로 너희에게 이르노니 그들은 자기 상을 이미 받았느니라(2절).

구제를 할 때, 자기 자신을 위해 나팔을 불지 않도록 조심해야 합니다. 구제는 선전이 아닌 선행입니다.

구제는 은밀하게 해야 합니다(3-4절)

연애와 사랑은 '은밀함'이 있어야 아름답습니다. 세상은 사랑하는 장면을 가리지 않고 영화나 동영상으로 보여 줍니다. 그러니 어린 학생들에게 더 이상 사랑이 신비스럽지 않고, 천박하고 육체적인 것으로 남게 되었습니다. 선행도 마찬가지입니다. 구제를 너무 드러내 놓고 한다면, 생색이나 겉치레로 보일 수 있습니다. 구제에는 은밀함이 따를 때, 순수하고 아름답습니다.

너는 구제할 때에 오른손이 하는 것을 왼손이 모르게 하여 네 구제함을 은밀하게 하라 은밀한 중에 보시는 너의 아버지께서 갚으시리라(3-4절).

그런데 '오른손이 하는 것을 왼손이 모르게 하라.' 이게 문자 그대로 말이 됩니까? 어떻게 자기 손이 한 일을 모를 수 있겠습니까? 이 말씀의 의미는 '구제가 의식하지 못할 정도로 자연스러워야 한다.'는 것입니다. 우리는 하루에 숨을 몇 번 쉬는지 헤아리지 않습니다. 숨을 쉰다는 사실조차 의식하지 않고 살아갑니다. 그만큼 생명체에게 호흡은 익숙하고 자연스러운 본능입니다. 예수의 생명이 있는 성도들에게 구제는 자연스러운 본성이 되어야 합니다. 내가 도와준 사람을 일일이 헤아려서 기억하거나, 내가 도운 사실조차 의식하지 못할 정도로 그것은 내 성품의 일부가 되어야 합니다.

제가 신학대학원에 다닐 때 친구들에게 밥을 잘 샀습니다. 그럴 수 있었던 것은 아내가 공무원 생활을 해서 다른 신학생들에 비해 여유가 있었기 때문입니다. 가끔은 집에 여럿을 초청해 대접을 하기도 했습니다. 저는 언제 누구에게 대접했는지 기억하지 못하는데, 오랜 세월이 지난 지금도 가끔 "그때 고마웠다."고 말하는 친구들을 봅니다. 그 당시 신학생들은 대부분 가난했으니까, 그것이 기억에 남았던 것 같습니다. 우리가 남을 도운 것을 의식하고 기억하면, 우리는 그 사람도 그것을 기억해 주길 바라게 됩니다. 그러다가 그것을 잊거나 호의를 되갚지 않으면 서운하고, 그 사람을 정죄하기 쉽습니다. 본문에서 예수님은 "너의 아버지께서 갚으시리라."고 말씀하십니다. 사람에게 기대하기보다, 하나님을 기대하십시오. 사람은 잊어도, 하나님은 우리의 은밀한 선행을 기억하십니다.

하나님과
멀어지는 기도

:

또 너희는 기도할 때에 외식하는 자와 같이 하지 말라 그들은 사람에게 보이려고 회당과 큰 거리 어귀에 서서 기도하기를 좋아하느니라 내가 진실로 너희에게 이르노니 그들은 자기 상을 이미 받았느니라 너는 기도할 때에 네 골방에 들어가 문을 닫고 은밀한 중에 계신 네 아버지께 기도하라 은밀한 중에 보시는 네 아버지께서 갚으시리라 또 기도할 때에 이방인과 같이 중언부언하지 말라 그들은 말을 많이 하여야 들으실 줄 생각하느니라 그러므로 그들을 본받지 말라 구하기 전에 너희에게 있어야 할 것을 하나님 너희 아버지께서 아시느니라 (마 6:5-8).

사람의 욕구 중에 과시욕誇示欲이 있습니다. 과시욕은 '자랑하거나 뽐내어 보이고 싶은 욕구'를 뜻합니다. 이런 과시욕을 공작孔雀에 비유하여 '공작병'이라고도 합니다. 예전에 장로회신학대학교가 있는 아차산에 오르면, 슬리퍼를 끌고 올라오는 등산객들이 꽤 많았습니다. 그런데 요즘 등산객들은 동네 뒷산에 올라가면서도 히말라야 등반대가 입을 만한 신소재의 등산복과 등산화를 착용합니다. 그 모습을 보면, 옛 생각

듣고 행하라 하신 산상수훈 …

에 웃음이 절로 나옵니다. 그것도 일종의 '과시욕' 때문이 아닐까 생각해 봅니다.

15년 전 중국에 갔을 때, 잠옷을 입은 중국인들이 밤거리를 배회하는 걸 보았습니다. 깜짝 놀라 선교사에게 물었더니, '나는 잠옷을 입고 살 정도로 유복하다.'는 걸 과시하는 거라고 답해 주었습니다. 그 소리를 듣고 기겁을 했던 기억이 납니다. 중국과 한국 등 유교문화권 사람들에게는 전통적으로 '체면體面 문화'가 강합니다. '남이 나를 어떻게 볼까?' 속보다는 겉치레를 중시하고, 남에게 잘 보이는 것을 먼저 생각하는 경향이 있습니다. 그러다 보면 허례허식이 생기고 허영이 자리 잡기 쉽습니다. 우리는 겉치레가 아니라, 속속들이 예수의 피로 빨갛게 물들어야 합니다. 그래서 'Coram Deo'[코람데오]의 정신, 곧 '신전의식神前意識'으로 살아야 합니다. 그것은 '남이 보든지 보지 않든지, 내가 언제나 하나님 앞에 있다.'는 마음가짐으로 살아가는 삶입니다.

마태복음 6장에서 지속적으로 경계하는 것이 바로 종교적 겉치레, 곧 '외식外飾'입니다. 앞서 6장 1-4절은 구제가 외식이 되지 않도록 주의하라는 말씀이었습니다. 그리고 6장 5-8절에서는 예수님께서 '기도'를 말씀하시며 외식을 주의하라고 경고하십니다.

너희는 기도할 때에 외식하는 자와 같이 하지 말라.

그렇다면 기도와 외식이 무슨 관계가 있을까요?

보이려고 하는 기도는 해롭습니다(5절)

기도와 외식은 사실 밀접한 관계가 있습니다. 특별히 목사들의 경우가 그렇습니다. 목사들에게는 기도를 많이 해야 한다는 큰 부담이 있습니다. 그래서 아예 강대상에서 잠을 자는 목사들도 많습니다. 솔직히 말씀드리면, 저 역시 교회를 개척하고 기도를 많이 하는 모습을 보이고자 했습니다. 새벽기도 때면 늘 강대상에서 무릎을 꿇고 성도들이 다 갈 때까지 기도했습니다. 어느 때는 잠이 들어 코를 골기도 했습니다. 자다가 아침 8시에 깨서 일어나려고 했더니 다리에 쥐가 나서 쩔쩔맨 적도 있습니다. 새 성전에 들어와서는 영적 전쟁에 승리하기 위해 모세 같이 손을 들고 30분씩 기도하기도 했습니다. 하여간 목사들은 '기도 많이 하는 신령한 목사'라고 인정받기를 원합니다.

이 말씀은 신앙의 초보자를 대상으로 하신 말씀이라기보다 신앙생활에 경험과 연륜이 있고, 열심을 내는 성도들에게 하신 경고입니다. 앞에서 말씀한 '구제'가 이웃에 대한 것이라고 한다면, '기도'는 하나님을 대상으로 하는 보다 직접적이고 본질적인 종교 행위입니다. 문제는 당시 종교지도자들인 바리새인과 사두개인 그리고 서기관들이 하나님을 향한 기도조차도 자신들의 의(義)를 드러내기 위한 방편으로 삼았다는 점입니다. 예수님 당시 유대인들은 '쉬모네 에쉬레'라는 18가지 주제로 구성된 기도문을 하루에 세 번씩 낭송했습니다(오전 9시, 정오, 오후 3시).* 자신들의 종교적 열심을 보이기 위해, 성전에 올라가 기도하거나, 성전까

---

* '쉬모네 에쉬레'는 '테필랏 하아미다'라고도 부릅니다. 쉬모네 에쉬레(שמנה עשרה)는 숫자 '18'을 의미하고, 테필랏 하아미다(תפילת העמידה)는 '서서 하는 기도'라는 뜻입니다. 18개의 기도문이 각각 축복의 내용을 담고 있어서 '18 축복 기도문(the Eighteen Blessings)'이라고도 합니다. 예루살렘 성전이 AD 70년에 파괴된 이후에 '쉬모네 에쉬레'에는 한 가지 기도문이 더 첨가되는데, 그것은 '이단(異端)을 위한 축복기도'입니다. 문자적으로는 '축복'이지만, 내용은 이단과 배교자에 대한 '저주'를 담고 있습니다. '이단(異端)을 위한 축복기도'를 더하여 현재 유대인들은 총 19개의 축복으로 구성된 기도문을 아침, 점심, 저녁에 예루살렘을 향해 서서 낭송합니다.

지 갈 수 없을 경우 회당과 사거리 대로변을 찾았습니다. 그곳에서 서서 두 손을 들고 눈은 하늘을 바라보면서 소리 내어 기도했습니다. 그러니 사람들이 그 모습을 다 볼 수 있었던 것입니다. 예수님께서 꼬집으신 것은 이처럼 기도 자체의 문제가 아니라, 겉치레로 휘감은 그들의 기도 태도였습니다.

"그들은 자기 상을 이미 받았느니라." 겉치레식 기도는 하나님으로부터 받을 것이 없습니다. 그 기도는 애초에 하나님이 아닌, 사람을 의식한 것이기에, 하나님은 들어 주시지 않습니다. 뿐만 아니라, 남에게 보이려고 의도적으로 꾸미게 되면 진정성이 사라지게 됩니다. 잘못하면 거짓이 되고 남을 기만하게 됩니다. 꾸미고 위장해서 사람은 속일 수 있습니다. 그러나 하나님은 속지 않으시고, 그런 기만적인 기도를 싫어하십니다. 그러므로 외식적인 기도는 하면 할수록 하나님과 멀어지게 되는 역설을 낳기 마련입니다. 그래서 외식적인 기도는 해로운 기도입니다.

신앙은 보이지 않는 것을 추구하는 것입니다(6절)

우리는 보이는 것을 추구하는 세상을 살고 있습니다. 겉모습을 아름답게 가꾸기 위해 많은 시간과 돈을 투자합니다. 2011년 미국의 「이코노미스트」는 한국이 성형 1위 국가라는 통계를 보도하였습니다. 이는 국제미용성형외과협회International Society of Aesthetic Plastic Surgeons의 통계를 인용한 것인데, 이 통계 자료를 보면 대한민국 남녀 1,000명 가운데 약 65명이 성형을 한 사실을 알 수 있습니다. 그런데 이 수치는 성형외과 의사가 보고한 사례만을 합산한 것이기 때문에, 피부과와 같은 다른 전공 의사들이 시술 및 수술한 데이터는 반영되어 있지 않습니다. 고하간 한국은 '성형 공화국'이란 별명이 붙을 정도로 성형에 대한 관심이 뜨겁습니다. 이런

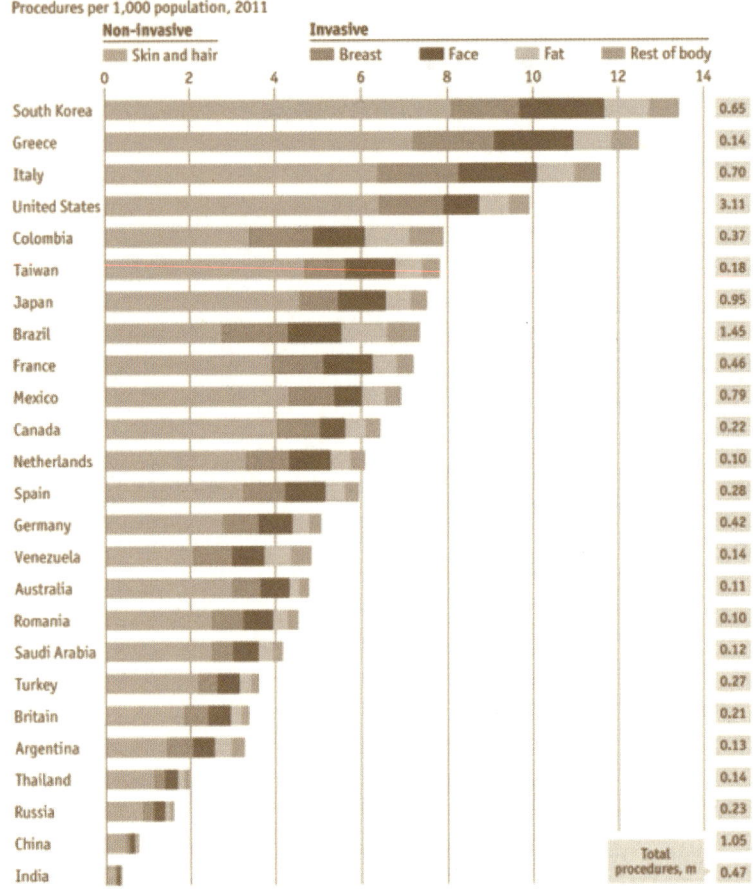

열기 덕분에, 한국은 세계적인 성형 수술 실력을 갖추게 됐고, 외국인들도 한국에 성형 관광을 오고 있습니다.

얼마 전, 녹 완리사 Nok Wanrisa 라는 태국 여성이 한국에서 성형 수술을 받고 인생이 달라졌다는 뉴스가 보도되었습니다. 자신을 버리고 떠난 남자 친구가 새 여자 친구의 SNS에 자신의 외모를 비웃는 글을 올리자, 이에 격분한 완리사는 한국행을 선택합니다. 한국에서 성형 수술을 받으면서 빙과 제작기술도 배운 그녀는 태국에 돌아가서 자신만의 아이스크림 가게를 열었습니다. 그런데 이 여인의 눈부신(?) 외모 덕분에, 아이스크림 가게가 억대의 매출을 내게 됩니다. 그 소식을 들은 옛 남자 친구가 다시 사귀자고 간청했지만, 이 여인은 그 제안을 냉정히 거절했다고 합니다. 참으로 '웃픈(웃기고 슬픈)' 뉴스가 아닐 수 없습니다.

사실 이런 외면의 아름다움outer beauty 보다 더 중요한 것은 내면의 아름다움inner beauty 입니다. 우리는 성형수술, 옷, 헤어스타일, 화장품, 장신구, 신발, 가방 등 겉모습에 많은 투자를 하고 있습니다. 하지만 보이지 않는 '영성靈性'에는 얼마나 많은 투자를 하고 있습니까? 미용, 건강, 다이어트에 관한 서적들을 탐독하고 외모를 위해서는 아낌없이 투자하면서, 성경을 읽고 기도하는 일에는 인색한 경우가 많습니다. <u>세상은 보이는 것을 추구하지만, 진정한 믿음은 보이지 않는 가치를 추구하는 것입니다.</u> 본문 말씀에 강조되는 '은밀성'은 하나님께서 내성적이고 비밀스러운 것을 좋아하신다는 뜻이 아닙니다. '은밀한'에 해당되는 'κρυπτός[크륍토스]'는 문자적으로 '보이지 않는', '감추어진'이란 뜻입니다. 믿음은 보이지 않는 세계에 눈을 뜨는 것입니다. 사도 바울은 "이는 우리가 믿음으로 행하고 보는 것으로 행하지 아니함이로라(고후 5:7)."고 선언했습니다. 눈에 보이는 것을 추구하고, 타인의 눈에 보이기 위해 기도하는 것은 참된 신앙일 수 없습니다. 예수님은 골방에 들어가서 은밀히 기도하라고 하십니다. <u>성도는 보이지 않는 것에 투자하는 자들입니다.</u> 그 은밀한 투자에 은밀히 보시는 하나님은 응답하실 것입니다.

기도는 듣는 것입니다(7-8절)

예수님께서는 기도할 때에 중언부언重言復言하지 말라고 하십니다(7절). 국어사전은 중언부언을 '이미 한 말을 되풀이하다.'로 풀이합니다. 그런데 사실, 우리는 주기도문을 예배 때마다 반복합니다. 중언부언하지 말라고 하셨으니, 주기도문을 매번 똑같이 되풀이하면 안 된다는 것일까요? 또한 우리가 다급하고 어려운 상황에 내몰리게 되면, '살려 달라'는 기도만 되뇌게 됩니다. 우리가 기도할 때에 한번 '살려 달라'고 말했으면, 또 다시 그 말을 반복해서는 안 된다는 뜻일까요? '중언부언'으로 번역된 헬라어는 'βατταλογέω[바탈로게오]'인데, 칠십인역(구약성경의 헬라어 역)에도 그 용례가 없고, 신약성경에도 이곳에만 등장하는 단어입니다. 성경에서 사용된 사례가 거의 없어 성서학자들도 그 뜻을 정확히 알기가 쉽지 않지만, 다행히 뒤이어 '말을 많이 한다.'는 부연 설명이 있습니다. 그래서 'βατταλογέω[바탈로게오]'의 본래적 의미는 '중언부언'보다는 '말을 장황하게 하다'에 가깝습니다. 사실 예수님께서도 겟세마네 동산에서 기도하실 때에, '동일한 말씀'으로 세 번 기도하셨습니다(마 26:44). 예수님은 기도할 때에 표현의 '반복'이 아니라 표현의 '장황함'을 경계하신 것입니다.

이를 두고 어떤 사람들은 '기도를 길게 하지 말고, 짧게 하는 것이 옳다.'고 주장하기도 합니다. 그러나 예수님은 '시간적으로' 긴 기도에 대해 경계하시는 것이 아닙니다. 교부 크리소스톰John Chrysostom, AD 349-407년이 잘 지적한 바와 같이, 예수님은 시간의 길이가 아닌, 말(언어적 표현)의 길이에 대한 지적을 하시는 것입니다. <u>기도에는 말의 길이가 중요한 것이 아니라 마음의 깊이</u>가 중요합니다. 많은 말이 아니어도 기도할 수 있고, 소박한 언어로 기도를 해도 충분히 깊이 있는 기도를 할 수 있습니다.

영적 울림이 있는 기도를 한다면, 장시간 기도하는 것이 오히려 유익할 것입니다.

그렇다면 사람들은 왜 많은 말로 기도하려 할까요? 우리는 다른 생각을 가진 사람을 설득하려고 할 때, 말이 길어집니다. 그러나 상대의 뜻을 내가 이해하기 위해 소통한다면 장황한 말을 해야 할 필요가 없습니다. 마찬가지로 <u>우리가 하나님을 설득하려고 할수록 기도는 길어집니다.</u> 기도는 하나님을 설득하는 것이 아닙니다. <u>내 사정을 이미 알고 계신 하나님의 뜻을 내가 듣는 것</u>입니다.

> 구하기 전에 너희에게 있어야 할 것을 하나님 너희 아버지께서 아시느니라 (8절).

그렇기 때문에 기도에는 장황한 수식어가 필요하지 않습니다. 나의 기도는 어떻습니까? 화려함을 뽐내기 위해 외식적이거나 그 표현이 지나치게 장황하지는 않습니까?

당신은 누구에게 기도하십니까?

∴

그러므로 너희는 이렇게 기도하라 하늘에 계신 우리 아버지여 이름이 거룩히 여김을 받으시오며 나라가 임하시오며 뜻이 하늘에서 이루어진 것 같이 땅에서도 이루어지이다 오늘 우리에게 일용할 양식을 주시옵고 우리가 우리에게 죄 지은 자를 사하여 준 것 같이 우리 죄를 사하여 주시옵고 우리를 시험에 들게 하지 마시옵고 다만 악에서 구하시옵소서(나라와 권세와 영광이 아버지께 영원히 있사옵나이다 아멘) (마 6:9–13).

마태복음 6장 9-13절 말씀은 우리에게 너무나 익숙한 '주기도문主祈禱文'입니다. 주기도문이 신앙생활에서 차지하는 중요성 때문에 앞으로 3회에 걸쳐 말씀을 나누고자 합니다. 우리는 주기도문을 주로 언제합니까? 주기도문을 예배 마무리용으로 사용하는 경우가 많습니다. 직장 신우회에서는 예배할 때 사도신경으로 시작하고 주기도문으로 마치곤 합니다. 세례문답 시에 주기도문을 외워 보라고 묻는 경우도 많습니다. 마치 주기도문 암송 여부가 세례 자격의 기준처럼 되었습니다. 때로는 넘어져서 머리에 충격을 받으면, 주기도문을 외워 봅니다. 이상 없이 잘

듣고 행하라 하신 산상수훈 …

외워지면, '다행히 머리가 괜찮은가 보다.' 안도의 한숨을 내쉽니다. 그 어떤 나라보다 한국의 성도들은 주기도문을 참 많이 사랑합니다. 그런데 흥미로운 사실은 주기도문을 항상 '암송'의 방식으로 활용한다는 것입니다. 우리는 주기도문을 '외워서 드리는 기도'라고 생각하지만, 정작 예수님은 암송을 강요하지 않으셨습니다. 다만 '너희는 이렇게 기도하라'고 가르쳐 주셨을 뿐입니다. 그래서 외우는 것보다 더 중요한 것은 그 가르침의 의미를 깊이 곱씹어 보는 것입니다.

우선 주기도문은 '기도의 대상對象'을 우리에게 가르쳐 줍니다. 대상이 없는 기도는 푸념이요, 헛소리에 불과합니다. 반드시 대상이 있어야 기도가 성립됩니다. 편지를 매일 쓰고 매일 우체통에 넣어도 수신자受信者가 분명하지 않으면 그 편지는 배달되지 않고 되돌아올 수밖에 없습니다. 마찬가지입니다. 우리의 기도도 그 대상, 곧 수신자가 분명해야 합니다. 주기도문의 '시작과 끝'은 우리 기도의 수신자가 하나님 아버지이심을 가르쳐 줍니다(9절, 13b절).

하늘에 계신 분께 기도해야 합니다(9절)

집에 들어가기 위해서는 열쇠가 필요합니다. 저희 집 문에는 번호로 된 잠금장치가 설치되어 있는데, 가끔은 번호가 생각나지 않아 다른 번호를 누를 때가 있습니다. 그러면 절대 문은 열리지 않습니다. 기도에도 열쇠가 필요합니다. 닫힌 방에 들어가기 위해 열쇠가 필요한 것처럼, 하나님의 임재 가운데 들어가기 위해서는 기도의 열쇠를 꼭 붙들어야 합니다. 많은 성도들에게 '하늘에 계신 우리 아버지'는 기도의 시작을 알리는 형식적인 관용구慣用句 정도로 여겨집니다. 그러나 위대한 영성가 앤드류 머레이Andrew Murray, 1828-1917는 주기도문의 첫 구절인 '하늘에 계신 우리 아버지'를 기도의 열쇠라고 표현했습니다. 이 짧은 구절 속에 우리를 기도의 문 안쪽으로 인도해 주는 열쇠가 들어 있기 때문입니다.

주기도문은 먼저 하나님을 '하늘에 계신 분'으로 소개합니다. 그런데 여기서 말하는 '하늘'은 물리적 공간의 하늘이 아닌 '영적 차원의 하늘'을 의미합니다. '하늘'을 뜻하는 헬라어 'οὐρανός'[우라노스]는 마태복음에서 2가지 패턴으로 등장합니다. 첫째는 단수^{單數}로 사용될 때인데, 이 경우에 'οὐρανός'[우라노스]는 '물리적 공간의 하늘^{sky}'을 가리킵니다. 예를 들어, '공중^{空中, sky}의 새를 보라(마 6:26).'는 말씀에는 'οὐρανός'[우라노스]의 단수 형태가 사용되었습니다. 새는 말 그대로 눈에 보이는 하늘을 날기 때문입니다. 둘째로 'οὐρανός'[우라노스]가 복수^{複數}로 사용되면, 이는 '영적 차원의 하늘^{heaven}'을 의미합니다. 마태복음에서 약 30회 등장하는 '천국^{天國}'의 '천^天'이 바로 'οὐρανός'[우라노스]의 복수^{複數} 형태입니다. 천국은 눈에 보이지 않는 영적 세계이기 때문입니다.

마찬가지로 '하늘에 계신 하나님'이란 표현에 사용된 'οὐρανός'[우라노스]도 복수^{複數} 형태입니다. 그 하늘은 육안으로 볼 수 있는 세계가 아닙니다. 따라서 우리가 '하늘에 계신 분'에게 기도한다는 것은 '우리의 경험과 인식을 넘어서는 세계가 있다.'는 것을 인정하고 고백하는 것입니다. '하늘'에 계신 하나님은 우리 인간들과는 다른 차원의 존재이십니다. 그럼에도 우리와 사귐을 원하십니다. 그래서 우리에게 그분을 나타내십니다. 이것을 '계시^{啓示}'라고 합니다. 기도는 하나님이 우리에게 그분의 뜻을 계시하시는 중요한 방편 중의 하나입니다. 그래서 우리는 두근거리는 마음으로 계시를 사모하면서 '하늘에 계신 하나님'을 부르는 기도의 자리로 나아가야 합니다.

> 너는 하나님 앞에서 함부로 입을 열지 말며 급한 마음으로 말을 내지 말라 하나님은 하늘에 계시고 너는 땅에 있음이니라 그런즉 마땅히 말을 적게 할 것이라(전 5:2).

주기도문은 많은 말을 필요로 하지 않습니다. 이방인의 기도처럼(마 6:7) 말을 장황하게 늘어놓는 기도가 아닙니다. <u>주기도문은 인간의 언어가 아닌, 하늘 계시의 문이 열리기를 사모하는 기도입니다.</u>

아버지 되시는 분께 기도해야 합니다(9절)

'하늘에 계신'이란 표현이 하나님의 초월성超越性을 의미한다면, 뒤이어 나오는 '우리 아버지'는 하나님의 친밀성親密性을 나타냅니다. 하나님은 하늘에 계신 '우리 아저씨'가 아닙니다. 하나님은 초월적인 낯선 아저씨가 아니라, 우리에게 친밀한 아버지이십니다. 그래서 <u>우리의 기도는 '초월성'과 동시에 '친밀함'의 균형을 갖추어야 합니다.</u> 우리가 하나님을 친밀하게 '아버지'라고 부르려면 그분에 대해 잘 알아야 합니다. 교회에서 '아버지 학교'를 하면, 사람들은 아버지로부터 받은 상처를 솔직히 꺼내놓곤 합니다. 어떤 사람은 '내가 크면 아버지를 죽여 버리겠다.'고 생각했었다는 충격적인 고백도 합니다. 때론 육신의 아버지로부터 받은 상처가 하나님 아버지께 투사投射 되는 경우가 있습니다. 그래서 하나님을 '아버지'라 부르는 것에 불편함을 느끼는 성도들이 의외로 많습니다.

그러나 우리가 믿는 하나님은 자신의 아들을 내어 주기까지 인간을 사랑하신 분입니다.

> 하나님이 세상을 이처럼 사랑하사 독생자를 주셨으니(요 3:16).

성경은 하나님을 '사랑과 용서의 아버지'로 묘사합니다. 그 대표적인 예가 '탕자의 비유'입니다(눅 15:11-32). 탕자는 아버지가 돌아가시기도 전에 유산을 떼어 달라고 조르는 못된 아들이었습니다. 그는 유산을 가지고 허랑방탕한 삶을 살다가 거지꼴이 되어 집으로 돌아옵니다. 그런 아들을 아버지는 박대하지 않고, 오히려 달려 나가 끌어안고 연신 입을 맞춥니다. 그리고 가장 좋은 옷을 입히고 손에 반지를 끼워 주고, 살진 송아지를 잡아 잔치를 베풀어 줍니다. 그런 아버지의 모습을 보고 탕자의 형^兄은 못마땅해서 투덜거립니다. 형이 생각하기에 동생은 사랑받을 자격이 없는 죄인이기 때문입니다. 그러나 <u>아버지는 자격이 더 있어서가 아니라, 오히려 더 연약하기 때문에 그를 더 사랑합니다.</u> 왜 그럴까요? 열 손가락 깨물면 아프지 않은 손가락은 없어도, 더 아픈 손가락은 있습니다. 그 손가락이 연약하거나 상처가 있을 때 그렇습니다. 아프고 연약하기 때문에 더 아끼고 감싸 줍니다. 이러한 사랑이 바로 하나님의 사랑입니다. 세상은 사랑받을 자격과 조건을 따지지만, 하나님은 우리가 연약하기에 더 사랑한다고 하십니다. 바로 이런 하나님을 우리는 '아버지'라고 부르는 것입니다.

요즘 젊은이들은 가끔씩 '금수저'를 부러워하고 '금수저로 태어났으면…' 하는 상상도 합니다. '내가 만약 이건희 회장의 아들로 태어났더라면….' '빌게이츠 회장의 자녀로 산다면….' 그런 상상을 하면서 '금수저'의 삶을 동경하기도 합니다. 실제로 이건희나 빌게이츠의 자녀들은 자신들의 혈통을 꽤나 자랑스럽게 생각할 것입니다. 그렇다면 우리는 어떻습니까? 일개 기업의 회장이 아니라 '온 세상의 주인'이신 하나님을 우리는 '아버지'라고 부를 수 있게 되었습니다. 그런데 그것이 나에게는 얼마나 명예롭고 자랑스러운 일이 되고 있습니까? 예수님은 우리에게 하나님을 '아버지'로 부르는 기도를 가르쳐 주셨습니다. 이처럼 <u>주기도문은 하나님과의 새로운 관계에 대한 초청입니다. 하나님은 우리를 '영적 금수저'로 부르셨습니다.</u> 그럼에도 세상의 금수저가 여전히 더 커 보이고, 더 부럽게 여겨지십니까? 그렇다면 내게 하나님은 '온 천하의 주인'이 아닌 일개 기업의 사장보다 못한 존재였던 것입니다. 하나님을 진정 내 아버지라고 믿는다면, 우리는 세상의 가치와 평가로부터 자유함을 누리게 될 것입니다.

나와 우리의 아버지 되시는 분께 기도해야 합니다(9절)

우리는 기복신앙^{新福信仰}이라는 말을 싫어합니다. 바랄 기^祈에 복 복^福, 복만 바라고 복이 목적인 신앙은 물론 잘못된 것입니다. 그렇다고 한다면, 교회에서는 절대로 복을 얘기하면 안 되는 것일까요? 우리가 사실 좀 헷갈리는 것 같습니다. 기복신앙을 경계한다면서, 마치 교회에서 복을 말하거나 설교하면 죄짓는 것처럼 호도하는 경우를 왕왕 볼 수 있습니다. 그런데 사실, <u>기복신앙도 문제지만, '무복신앙^{無福信仰}'도 역시 문제</u>입니다. 예수 믿으면 있던 복도 뺏기고, 억울하고, 고통스럽게 살아야 정상적인 것처럼 말하는 사람들이 있습니다.

그러나 복을 바라는 것 자체를 '성경적이다!' 또는 '성경적이지 않다!'고 단정 지을 수 없습니다. 사실 성경 말씀 전체를 꿰뚫고 있는 한 글자가 있다고 한다면 그건 바로 복^福이라는 글자입니다. 창세기 1장에서 하나님이 말씀하셨습니다.

> 남자와 여자를 지으시고 그들에게 복(福)을 주시며, 그들에게 이르시되 생육하고 번성하라(창 1:28).

또 믿음의 조상 아브라함에게는 뭐라 하셨습니까?

너는 복(福)이 될지라(창 12:1).

시편 1편은 또 어떻게 시작됩니까?

복(福) 있는 사람은 악인의 꾀를 따르지 아니하며(시 1:1).

예수님께서도 8가지 복(福)을 말씀하셨습니다. 그리고 요한계시록 맨 마지막 장에 이런 말씀이 나옵니다.

이 두루마리의 예언의 말씀을 지키는 자는 복(福)이 있으리라(계 22:7).

성경의 창세기 첫 장에서 요한계시록 마지막 장까지 성경 전체를 꿰뚫고 있는 글자가 바로 이 복(福)이라는 글자입니다. 성경은 이처럼 우리에게 복을 약속하고 있기 때문에 복을 말하거나 복을 구하는 것 자체가 잘못된 것이 아닙니다.

다만 우리의 기도가 개인적 차원에만 머물러서는 안 됩니다. 나 혼자 복 받아 그것을 누리겠다고 생각하는 것은 옳지 않습니다. <u>내게 주신 복(福)이 다른 사람에게도 복이 되어야 합니다.</u> 예수님은 하나님을 '우리 아버지'라고 가르치셨습니다. 하나님은 '내 아버지'이실 뿐만 아니라, '우리 아버지'이십니다. 주님이 가르쳐 주신 기도는 공동체를 지향하는 기도입니다. 다시 말해서 기도는 개인적인 차원을 넘어 이웃 사랑으로 그 지평이 넓어져야 한다는 것을 의미합니다. 우리의 기도가 타인을 향해 흐르지 않고, 다른 사람을 향한 선한 영향력을 잃어버린다면, 그 기도는 기복신앙이 되는 것입니다. 지금 나의 기도는 어떻습니까? 나 자신만이 아니라 주위에 선한 영향력을 나타내는 기도입니까? 기도를 통해 내게 주신 복과 은혜가 다른 사람들에게도 복이 되고 있습니까?

하나님을 위해
드리는 기도

∴

그러므로 너희는 이렇게 기도하라 하늘에 계신 우리 아버지여 이름이 거룩히 여김을 받으시오며 나라가 임하시오며 뜻이 하늘에서 이루어진 것 같이 땅에서도 이루어지이다(마 6:9-10).

일본에는 8백만 개의 신 八百万の神 이 있다고 합니다. 그래서 우리는 일본을 소위 '귀신의 나라'라고 알고 있습니다. 그런데 이보다 더한 나라가 인도 India 입니다. 인도는 12.5억 명의 인구만큼이나 많은 신의 숫자를 헤아립니다. 힌두교는 약 3억 3천만의 신 神 이 있다고 합니다. 특히 인도 북서부 데쉬노크 Deshnoke 에 가면 '카르니 마타 Karni Mata'라는 사원이 있습니다. 이곳은 '쥐 鼠'를 신으로 섬기는 사원입니다. 이곳엔 약 2만 마리의 쥐가 살고 있습니다. 이 쥐들은 거룩하기(?) 때문에, 방문객은 쥐를 밟지 않도록 각별히 주의해야 합니다. 만약 실수로라도 밟아 죽이게 되면, 순은 純銀 으로 만든 쥐를 사원에 헌납해야 합니다. 쥐도 신이 될 수 있는 나라 인도, 진정한 '귀신의 나라'가 아닐 수 없습니다. 그런데 인도 사람들은 이 모든 신들을 다 믿는 것이 아니라, 그중에 하나를 택하여 자신의

듣고 행하라 하신 산상수훈 ⋯

신으로 섬깁니다 henotheism: 단일신교. 예를 들어, '원숭이' 신을 섬기는데 자기 소원이 잘 이루어지지 않으면, 그것을 버리고 '송아지' 신을 섬깁니다. 그래서 소원성취를 하면 좋은데, 그렇지 않으면 '쥐' 신에게로 갑니다. 내가 원하는 것을 얻을 수 있다면 '쥐'도, '개'도, '원숭이'도 신이 될 수 있습니다. 이렇게 세상 종교들은 철저히 '자기중심적'입니다. 신神은 '내가 원하는 것'을 해결해 주는 해결사인 셈입니다.

그러나 기독교는 그 중심이 하나님께 있습니다. 주기도문의 첫 세 문장(9-10절)은 '하나님'에 대한 것이고 다음 세 문장(11-13절)이 '기도자'에 대한 것입니다. 이러한 구조構造를 통해서도 우리는 신앙과 기도의 '우선순위'가 어디에 있어야 하는지를 알 수 있습니다. 그래서 우리는 먼저 9b-10절에 비추어 자신의 신앙과 지금 드리고 있는 기도의 우선순위를 점검해 볼 필요가 있습니다.

하나님의 이름을 높여야 합니다(9절)

"사람은 죽어서 이름을 남긴다人死留名." 동서고금을 불문하고 이름은 매우 중요한 의미를 가지고 있습니다. 이름은 그 사람과 하나입니다. 누가 내 이름을 거명하며 욕을 했다는 소리를 듣기만 해도 마음이 아픕니다. '그까짓 이름이 욕먹는 것쯤이야.'하고 넘어가는 사람은 없습니다. 군대에서는 유격훈련을 할 때 이름을 부르지 않고 번호를 부릅니다. "1번 올빼미!", "2번 올빼미!" 이런 식으로 병사들을 부릅니다. 지금에 와서 생각해 보니 이름을 부르지 않는 것은 '인간 취급하지 않겠다,' '계급 인정하지 않겠다.'는 의미였습니다.

사람들뿐만 아니라 꽃 한 송이에도 이름이 있습니다. 시인 김춘수는 꽃의 이름을 기억하고 불러 줄 때 그 꽃은 비로소 자신에게 의미 있는 존재가 되는 것이라고 말했습니다.

꽃

김춘수

내가 그의 이름을 불러 주기 전에는
그는 다만
하나의 몸짓에 지나지 않았다

내가 그의 이름을 불러 주었을 때
그는 나에게로 와서
꽃이 되었다

내가 그의 이름을 불러 준 것처럼
나의 이 빛깔과 향기에 알맞은
누가 나의 이름을 불러다오
그에게로 가서 나도
그의 꽃이 되고 싶다

우리들은 모두
무엇이 되고 싶다
너는 나에게 나는 너에게
잊혀지지 않는 하나의 의미가 되고 싶다

김춘수의 '꽃'은 한국에서 인식론認識論, epistemology을 대표하는 시詩입니다. 인식의 주체主體인 나에게 외부 대상객체: 客體은 존재 자체로 의미가 있는 것이 아니라, 내가 인식을 해야 비로소 나에게 의미 있는 존재가 됩니다. 세상에 많은 꽃이 존재하지만, 그 꽃들의 존재는 내가 인식하지 않는 한 '내게는' 의미를 갖지 못합니다. 내가 그 대상을 인식할 때에 비로소 '내게' 의미 있는 꽃이 되는 것입니다. 김춘수는 대상을 의미 있는 존재로 인식하는 행위를 '이름을 부른다.'로 표현했습니다. 이처럼 이름을 부른다는 것은 '상대와 내가 의미 있는 관계를 맺게 된다.'는 뜻입니다. 그 이름의 의미성은 긍정적일 수도 있고, 부정적일 수도 있습니다.

우리 모두가 동의하는 명예로운 이름들이 있습니다. 세종대왕, 이순신, 안창호, 김구, 유관순, 한경직, 주기철, 손양원. 반면에 이완용, 히틀러 같은 이름은 들을 때마다 치가 떨립니다. 그렇다면 나를 통해 세상 사람들이 인식하게 되는 하나님의 이름은 어떤 의미를 갖고 있습니까? 하나님은 자존自存하시는 분으로 우리가 높이지 않아도 충분히 높고 귀하신 분이십니다. 그렇지만 하나님은 또한 '나를 통해' 높임받기 원하시는 아버지이십니다. 아무리 훌륭한 부모라 할지라도 자녀가 망나니짓을 하면 부모의 얼굴에 먹칠을 하게 됩니다. 하나님은 이미 존귀한 분이시지만, 자녀 된 우리가 옳지 않은 처신을 한다면 그분께 누가 될 수 있습니다.

기록된 바와 같이 하나님의 이름이 너희 때문에 이방인 중에서 모독을 받는도다(롬 2:24).

반면에 우리가 선한 영향력을 나타낸다면, 우리는 믿지 않는 세상에서 하나님을 영화롭게 할 것입니다. 오늘날 하나님의 이름이 모독당하는 현실 앞에서, <u>우리는 그분의 명예 회복을 위해 주어진 빛의 사명을 잘 감당해야 합니다.</u>

하나님의 나라가 임하도록 기도해야 합니다(10a절)

주기도문에서 하나님을 위해 드리는 두 번째 기도는 이렇습니다.

나라가 임하시오며(10a절).

이 문장의 정확한 헬라어 번역은 "당신의 나라가 임하게 하옵소서!(ἐλθέτω ἡ βασιλεία σου)"입니다. 예기서 예수님이 말씀하신 "당신의 나라"는 '하나님의 나라'입니다. 다음 구절을 보면, '하나님의 나라'는 '천국'과 동일한 개념이라는 사실을 알 수 있습니다.

> 내가 진실로 너희에게 이르노니 부자는 **<u>천국</u>**(ἡ βασιλεία τῶν οὐρανῶν)에 들어가기가 어려우니라 다시 너희에게 말하노니 낙타가 바늘귀로 들어가는 것이 부자가 **<u>하나님의 나라</u>**(ἡ βασιλεία τοῦ θεοῦ)에 들어가는 것보다 쉬우니라(마 19:23-24).

여기서 예수님은 2개의 문장을 말씀하시는데, 두 번째 문장이 첫 번째 문장을 부연해서 설명하고 있다는 점을 알 수 있습니다. 첫 번째 문장에서 언급된 '천국'이 동일한 의미를 갖는 두 번째 문장에서 '하나님 나라'로 바뀌었다는 것은 '천국'과 '하나님 나라'가 상호치환 가능한 개념임을 알려 줍니다.

그렇다면 하나님 나라는 무엇입니까? 우리는 보통 '내가 죽어 천국(하나님 나라)에 간다.'고 하는데, 정작 예수님께서는 '하나님 나라가 임한다.'라고 말씀하십니다. 사실 '나라'에 해당하는 헬라어 'βασιλεία[바실레이아]'와 히브리어 'מַלְכוּת[말쿠트]'는 정확히 번역하자면 '왕국王國, Kingdom'입니다. '나라nation'에는 '왕王'이 꼭 필요하지 않습니다. 그러나 왕국은 왕이 있어야 성립하는 것입니다. 다시 말해서 '하나님 나라ἡ βασιλεία τοῦ θεοῦ'의 정확한 번역은 '하나님 왕국'이고, 그것의 핵심은 '하나님이 왕으로 통치하심'입니다. 그래서 '하나님 나라가 임하시오며'라는 기도는 '하나님의 왕 되심과 그분의 다스림을 구하는 것'입니다.

세상은 하나님 나라(왕국)와 사탄의 나라(왕국) 사이의 영적 전쟁터입니다. 결국 예수님의 재림을 통해 하나님의 통치는 이 땅에 완성될 날이 오게 될 것입니다. 그때까지 우리에게는 크고 작은 영적 싸움이 있습니다. 하나님의 통치와 사탄의 통치 사이에서 여러분은 무엇을 선택하고 있습니까? 그 사이를 적당히 양다리 걸치며, '나의 왕국'을 꿈꾸고 있지는 않습니까? *Living the Lord's Prayer*의 저자 데이빗 팀스David Timms는 다음과 같은 말을 했습니다.

'당신의 나라가 임하시옵소서.'라는 기도를 뒤집으면
'내 나라가 끝나게 하옵소서.'라는 기도가 된다.

나라를 바꾼다는 것은 통치자를 바꾼다는 것을 의미합니다. '내 나라'가 아닌, '하나님 나라'를 소망하는 것은 '내'가 아니라 '하나님'을 내 인생의 주인主으로 모시는 것입니다. 그래서 그리스도인은 자기 인생의 주권主權을 하나님께 위임하기로 결단한 사람입니다. 그러므로 이제 우리는 하나님 나라의 시민으로 이 땅에 살아갑니다. 우리의 본향本鄉은 이제 '하늘 나라'이기에 이 세상에 붙들려서는 안 됩니다. 물질은 삶에 필요한 수단이지만, 천국 시민 된 우리에게는 그것에 대한 집착을 내려놓을 수 있는 영적 자유가 있어야 합니다. 어릴 때, 모래성을 쌓고 놀던 아이가 저녁이 되어 밥 먹으라는 엄마의 소리를 들으면 어떻게 합니까? 모래성을 미련 없이 버리고 집으로 돌아갑니다. 마찬가지로 우리도 이 세상에 대한 소유욕과 집착을 내려놓고, 하나님의 부르심과 영원한 그 나라(하나님의 통치)를 위한 삶을 살아야 합니다.

하나님의 뜻이 이루어지도록 기도해야 합니다(10b절)

주기도문의 첫 3가지 간구—당신의 이름이 거룩히 여김을 받으시오며, 당신의 나라가 임하시오며, 당신의 뜻이 이루어지이다—의 헬라어 '문법 형태'는 동일합니다. 이런 동일한 문법 패턴은 3가지 간구의 의미하는 바가 서로 상통相通한다는 사실을 암시합니다. 이 점은 마태복음에서 특별히 숫자 '3'의 중요성을 인식할 때 더 분명해집니다. 마태복음은 예수님의 족보를 이야기할 때, 14대씩 총 '3'개 구간으로 설명합니다(마 1:17). 동방박사들이 가져온 예물도 '3'가지(황금, 유향, 몰약)입니다(2:11). 예수님의 공생애를 총 3대 사역(가르침, 전파하심, 고치심)으로 요약합니다(마 4:23). 또한 복음서에서 '삼'위일체를 가장 분명하게 밝히는 것이 마태복음입니다(마 28:19). 이와 같은 숫자 3의 중요성을 염두에 둔다면, 주기도문의 첫 3가지 간구는 문법상 동일한 패턴으로 서술되면서, 의미상 서로 연결되어 있다는 사실을 알 수 있습니다. 다시 말해, '하나님의 이름이 거룩히 여김을 받는다.'는 것은 '하나님의 나라(통치)가 구현되는 것'이며, '하나님의 나라(통치)가 구현된다는 것'은 '하나님의 뜻이 이 땅에 이루어진다.'라는 의미입니다. 결국 우리가 하나님의 뜻을 이 땅에서 살아 낼 때, 그곳에 하나님의 나라가 임하는 것이고, 하나님의 이름이 거룩히 여김을 받게 됩니다. 따라서 신앙의 본질은 내 뜻이 아닌 하나님의 뜻을 따라 사는 것입니다.

예전에 김정숙이라는 할머니가 있었습니다. 이 할머니의 칠순잔치를 맞아 미국과 일본에 이민을 떠나 살던 자식들도 큰마음을 먹고 다 모였습니다. 첫째 아들이 말했습니다.

"어머님 칠순인데 남부럽지 않은 잔치를 열어 드리겠습니다. 기대하십시오."

그런데 어머니는 전혀 뜻밖의 답을 하십니다.

"그 돈이면 차라리 파고다공원에 집 없고 배고픈 노인들이 많이 있는데, 그 노인들에게 잔치상을 차려 주려무나."

자식들은 의아했습니다.

"아니, 칠순잔치 주인공은 어머닌데 왜 거지들에게 잔치상을 차려 줍니까?"

어머니는 말씀하셨습니다.

"그래, 칠순잔치의 주인공이 '나'라면, 그날엔 주인공이 원하는 걸 해줘야 더 기쁘지 않겠니? 내가 원하는 건 내 잔치상 하나 거나하게 잘 차려 주는 게 아니라 바로 배고픈 사람들에게 자비를 베풀어 주는 거란다."

결국 자식들이 어머니의 뜻에 순종해서 파고다공원에 집 없고, 배고픈 노인 400명에게 잔치상을 차려 드렸습니다. 그 사실이 한 매스컴에 보도되면서 당시 많은 사람들에게 훈훈한 감동이 전해졌습니다(한국일보 1997.1. 27. 사회면).

이 일화가 주는 교훈이 있습니다. 자식들은 어머니의 칠순잔치에 성대한 잔치상을 차려 드리는 것이 효도라고 생각했습니다. 그러나 어머니가 주인공인 칠순잔치에는 어머니께서 원하시는 것을 해 드리는 것이 더 훌륭한 효도, 더 훌륭한 섬김이 됩니다. 결국 그것이 어머니를 더 영광스럽게 했습니다. 마찬가지로 무엇이 하나님께 영광을 돌리는 일이겠습니까? 내 뜻대로 하는 신앙생활이 아니라, 하나님의 뜻대로 순종하는 것이 하나님을 영화롭게 하는 일입니다. 그것이 하나님의 이름을 거룩히 여기는 것이며, 이 땅에 천국 잔치의 기쁨이 임하는 길입니다. 교회는 바로 이러한 사명을 위해 존재합니다. 따라서 <u>교회는 교세의 확장이 아니라 하나님 나라의 확장을 위해 노력해야 합니다.</u> 우리의 가정과 교회가 하나님의 뜻을 이 땅에 펼쳐 내는 하나님 나라의 대리점代理店이 되기를 축복합니다.

우리에게
귀 기울이시는 하나님

오늘 우리에게 일용할 양식을 주시옵고 우리가 우리에게 죄 지은 자를 사하여 준 것 같이 우리 죄를 사하여 주시옵고 우리를 시험에 들게 하지 마시옵고 다만 악에서 구하시옵소서 (나라와 권세와 영광이 아버지께 영원히 있사옵나이다 아멘(마 6:11-13).

요즘 할아버지, 할머니 중에 휴대폰을 열어 손주 사진을 보여 주시며 자랑하시는 분들을 쉽게 볼 수 있습니다. 남들이 볼 때는 그저 그런데 할아버지, 할머니는 손주 생각만 해도 얼굴에 환한 미소가 번집니다. 우리 하나님이 그러십니다. 하늘에 멀리 계신 것 같지만 '하나님 아버지!' 하고 부르기만 하면 응답하십니다. 우리에게 관심이 많으시고, 언제나 귀를 기울이고 계시기 때문입니다.

주기도문 전반부의 세 문장이 '당신(하나님)'에 대한 기도라면(9-10절), 후반부의 세 문장은 '우리'에 대한 기도입니다(6:11-13).

- '우리'에게 일용할 양식을 주시옵소서.
- '우리'의 죄를 용서해 주옵소서.
- '우리'가 시험에 들어 악에 빠지지 않게 하소서.

저는 이 세 가지 기도를 이렇게 해석했습니다.

- 육체적 기도
- 윤리적 기도
- 영적 기도

이처럼 '우리에 대한 기도'는 삶의 모든 영역을 아우르고 있습니다. 예수님은 우리가 삶의 모든 문제―육체적인 문제, 윤리적인 문제, 영적인 문제―를 적극적으로 기도할 것을 가르쳐 주셨습니다.

하나님은 우리의 육체적 삶에 관심을 기울이십니다(11절)

하나님은 하늘에 계시고 신령한 분이시기 때문에, 인간의 육신적 삶에 대해서는 무관심하다고 주장하는 사람들이 있었습니다. 이런 일파派의 사람들을 '영지주의자gnostic'라고 부릅니다. 영지주의 이단異端 문서 중에 '유다복음서the Gospel of Judas'라는 약 2세기 문헌이 있습니다. 이 문서는 예수님의 12제자 가운데 가룟 유다를 가장 훌륭한 제자로 묘사합니다. 예수님의 영靈이 육체肉體의 속박으로부터 벗어날 수 있도록, 가룟 유다가 도움을 주었기 때문이랍니다. 정말 어처구니없는 궤변이 아닐 수 없습니다. 이처럼 육체를 악한 것으로 치부하면 이단에 빠지기 쉽습니다. 성경은 결코 인간의 육체를 죄악시하지 않습니다. '육체'는 하나님께서 만드셨기 때문입니다. 예수님은 공생애 기간 동안 많은 육신의 질병들을 고치셨습니다. 또한 오병이어의 기적을 통하여 배고픈 군중을 먹여 주셨습니다. 그리고 예수님께서 가르쳐 주신 '우리를 위한 첫 번째 기도'도 일용할 양식을 위한 것입니다. 하나님은 우리 육체의 필요에 대해 관심을 갖고 계십니다.

그래서 우리는 몸을 잘 관리해야 합니다. 육신의 욕망만을 추구하는 것도 잘못이지만, 거꾸로 몸을 학대하는 것도 옳지 않습니다. 간혹 경건을 강조하는 자들이 육체를 경시하면서 고행을 장려하는 경우가 있습니다. 영적 훈련과 기도를 목적으로 일시적인 금식과 금욕 생활을 하는 것은 괜찮습니다만, 몸을 학대하면서 신앙생활을 하는 것은 옳지 않습니다. 갈멜산에서 엘리야와 대결한 바알 선지자들은 기도의 응답을 받기 위해 칼과 창으로 자신들의 몸을 상하게 했습니다(왕상 18:28). 종교를 빙자하여 하나님께서 주신 몸을 자학(自虐)하는 것은 이교적인 행동입니다. 우리는 몸을 건강하게 잘 관리해야 합니다.

예수님께서 가르쳐 주신 '일용할 양식'을 위한 간구는 매순간 하나님의 은혜에 기대어 사는 삶입니다. 우리가 미래를 준비하는 것은 지혜로운 일입니다. 그러나 미래를 자신의 힘과 계획으로만 해결하려고 할 때, 하나님을 신뢰하는 믿음은 잃게 됩니다. 현대인들은 은행에 저축하고, 적금을 들고, 연금에 가입하고, 보험을 들고, 이곳저곳에 투자합니다. 성경말씀은 은행에 저축하는 행위 자체를 부정적으로 보지 않습니다(눅 19:23 참고). 그러나 '어리석은 부자의 비유'에서와 같이 돈을 믿고 의지하기 시작하면, 하나님을 의지하지 않게 됩니다(눅 12:16-21). 하나님보다 모아 둔 돈이 더 든든하게 느껴진다면, 그것은 축복을 가장한 저주입니다. 그러므로 '일용할 양식'을 위한 간구는 하나님의 공급하심에 감사하며,

쌓아 놓은 물질이 아닌 그분의 은혜에 기대어 살라는 뜻입니다.

또한 일용할 양식이 어떤 이들에게는 절박한 기도임을 우리는 기억해야 합니다. 지구촌에 기아(飢餓)가 발생하는 것은 세계의 식량 생산량이 부족해서가 아니라 나눔이 이루어지지 않기 때문입니다. 성도들은 '나'만이 아니라, '우리' 모두 함께 일용할 양식을 맛있게 먹을 수 있는 날이 오도록 기도해야 합니다. 러시아의 대문호 톨스토이^{Lev Nikolayevich Tolstoy}는 "부는 거름과 같아서 축적되어 있을 때는 악취를 풍기지만, 뿌려지면 땅을 기름지게 한다."는 명언을 남겼습니다. 이런 마음으로 살아간다면, 우리 삶의 태도는 달라질 것입니다. 재물을 규모 있게 사용하면서, 낭비를 줄이고, 남은 양식을 다른 사람과 나누게 될 것입니다. 우리에게 주신 양식과 재물은 다른 이들에게도 축복이 되어야 합니다.

하나님은 우리의 윤리적 삶에 관심을 기울이십니다(12절)

신약성경에서 보통 '죄(罪)'로 번역되는 헬라어 단어는 'ἁμαρτία[하마르티아]'나 'παράπτωμα[파라프토마]'입니다. 그런데 12절에서는 'ὀφείλημα[오페일레마]'가 사용되었고, 그 본래의 뜻은 '빚debt'입니다. 신약에서 '빚'은 죄(罪)의 상징으로 곧잘 사용됩니다(ex. 눅 7:41-43). 그러므로 12절 말씀을 문자 그대로 번역하자면, '우리가 우리에게 빚진 자를 탕감하여 준 것 같이, 우리 빚을 탕감하여 주옵소서.'라는 간구입니다. 이 간구의 초점은 '용서받을 자격'에 대한 것이 아니라, 용서받은 자의 '합당한 반응'에 대한 말씀입니다. 이 점은 '용서할 줄 모르는 종'의 비유(마 18:21-35)에서 분명히 밝히고 있습니다.

이 비유에는 임금에게 1만 달란트 빚진 종이 등장합니다. 1 달란트는 '노동자 하루치 품삯(데나리온)'의 6천 배입니다. 그것의 1만 배가 곧 1만 달란트가 되는 것입니다. 예를 들어, 오늘날 기준으로 노동자 하루치 품삯을 약 10만 원으로 계산했을 때, 1만 달란트는 6조에 해당하는 거액임을 알 수 있습니다.* 6조라는 금액이 얼마나 큰 액수인지 상상이 안 되실 것입니다. 우리 군이 국군장병들에게 1인 침상을 마련해 주겠다고 쏟아 부은 돈이 6조입니다(국민일보 2016. 5.10). 방산 비리로 얼룩진 사업이 됐지만, 이 돈을 올바로 집행했다면, 60만 장병에게 1인당 '천만 원'짜리 침대를 공급할 수 있는 엄청난 액수가 됩니다.

또 다른 예를 들자면, 2012년 기준 전국 노숙인露宿人 수는 13,262명으로 집계되었습니다. 집 없는 이 사람들 모두에게 4.5억짜리 아파트를 1채씩 사 준다면, 거기에 드는 비용이 약 6조입니다. 6조는 이런 어마어마한 액수입니다. 만약 내게 이런 빚이 있었는데, 그것을 탕감 받았다면 얼마나 기쁠까요? 그런데 1만 달란트 탕감 받은 종은 어떻게 했습니까? 자신에게 1백 데나리온(1천만 원) 빚진 동료를 만납니다. 그 동료의 딱한 처지에도 일말의 망설임 없이 그를 잡아 옥에 가둡니다. 이 소식을 전해 들은 임금은 분노하여 그 배은망덕한 종을 옥에 가둬 버립니다.

우선 이 비유는 우리를 용서하시기 위해 하나님께서 얼마나 큰 값을 치르셨는지 알려 줍니다. 1만 달란트(6조)로 표현하기는 했지만, 사실 우리 몸값으로 지불하신 '예수의 생명'은 그 가치를 따질 수 없는 귀한 것입니다. 달리 말해 우리는 '예수 로또'를 맞은 인생들입니다. 한번 생각해 봅시다. '예수'라는 분이 6조에 당첨된 로또 복권을 여러분에게 주

---

* 2015년 기준, 우리나라 노동자(정규직+비정규직) 월평균 임금은 231만 5천 원으로 조사됐습니다(한국일보 2015. 7. 13일자 10면 4단). 주5일 근무로 가정했을 때, 우리나라 돈 약 10만 원을 하루 임금(데나리온)으로 산정할 수 있습니다. 그렇다면 1달란트는 1데나리온(하루 임금)의 6천 배이므로, 6억이 됩니다. 따라서 1만 달란트는 그것의 만 배인 6조가 되는 것입니다.

셨습니다. 그렇다면 여러분은 그것의 '60만 분의 1'에 지나지 않는 1천만 원에 집착하시겠습니까? 오히려 기꺼운 마음으로 그것을 탕감해 줄 수 있을 것입니다.

이처럼 예수님은 우리에게 무턱대고 용서를 강요하시는 것이 아닙니다. 우리가 용서할 수 있는 근거를 이미 주셨습니다. 그 용서의 근거는 바로 예수의 생명입니다. 예수님은 우리에게 무작정 성인^{聖人}이 되라고 명령하시는 것이 아닙니다. 한번 계산을 해 보라는 것이죠. 예수의 생명을 받은 자에게는 타인을 용서하는 일이 결코 손해 보는 일이 아니라는 말씀입니다. 그러나 예수의 생명이 없고, 그 가치를 모르는 자에게는 도저히 납득되지 않는 계산입니다.

주기도문은 용서받은 우리가 보여야 할 '합당한 반응'을 알려 줍니다. 예수님께서 공생애 사역을 하셨을 때, 유대인 마을들(고라신, 벳세다)에 많은 권능을 베푸셨습니다. 그러나 회개하지 않는 그들을 보시며 예수님은 장차 그들이 받게 될 심판을 예고하셨습니다. 복음은 그것에 합당하게 반응하는 자에게는 복^福이 되지만, 그렇지 않으면 심판의 근거, 곧 화^禍가 됩니다. 복음에 대한 우리의 합당한 반응은 '회개^{悔改}'입니다. 그런데 구약성서 히브리어에는 '회개'에 해당하는 '명사^{名詞}'가 없습니다. 대신 '돌이키다^{return}'라는 의미의 'שוב[슈]'이란 '동사^{動詞}'가 사용됩니다. 회개란 단순한 후회^{後悔}가 아니라 삶의 방향을 전환하는 '변화^{變化}'입니다. 이러한 삶의 변화가 뒤따르지 않는다면, 올바른 회개가 될 수 없습니다. 앞선 비유에서 보듯이, 용서할 줄 모르는 종에게는 이러한 변화가 없습니다. 배은망덕하고, 인색하며, 잔인합니다. 은혜에 합당히 반응하지 않은 종은 결국 심판을 받았습니다. 우리가 진정 회개하고 용서를 받았다면, 그에 합당한 반응은 나도 남을 용서하고자 하는 마음과 배려입니다. 나는 하나님께 용서받았습니까? 그 사실을 믿고 감사한다면, 그 은혜가 나를 변화시키고 있습니까? 하나님은 우리의 윤리적 삶에 관심을 기울이십니다.

하나님은 우리의 영적인 삶에 관심을 기울이십니다(13절)

마지막으로 예수님은 우리에게 다음과 같이 기도하라고 말씀하셨습니다.

시험에 들게 하지 마시옵고 다만 악에서 구하시옵소서.

여기서 '시험'이라고 번역한 헬라어 원어는 '$πειρασμός$'[페이라스모스]'입니다. 사실 '$πειρασμός$'[페이라스모스]'는 '유혹'과 '시험' 2가지 뜻 모두 갖고 있기 때문에 경우에 맞는 번역을 해야 합니다. '시험'은 수험자의 실력을 검증해서, 부족한 부분은 깨우쳐 주고, 잘한 부분은 인정해 주기 위

한 것이 목적입니다. 결국 시험은 상대를 세워 주기 위한 것이지요. 그러나 '유혹'은 상대를 무너뜨리기 위한 것입니다. 하나님께서는 아브라함의 경우처럼 '시험'은 하시지만(창 22장), 유혹을 하시지는 않습니다. 유혹은 사탄으로부터 오는 것입니다. 그래서 13절의 'πειρασμός'[페이라스모스]'를 우리말 성경은 '시험^{test}'이라고 번역했지만, 영어 성경들은 대게 '유혹^{temptation}'이라고 번역합니다. 이 간구는 '시험'을 면제해 달라는 것이 아니라, '유혹'에 빠지지 않게 해 달라는 기도입니다.

유혹은 사탄으로부터 오기 때문에 '악으로부터의 구원'을 기도해야 하는 것입니다. 우리의 힘만으로는 '유혹'을 항상 이겨 낼 수 없습니다. 다윗도 '사울'이란 시험은 잘 이겨 냈지만, '밧세바'라는 유혹 앞에서는 무릎을 꿇었습니다. 그렇기 때문에 우리는 늘 깨어 성령의 능력을 의지해야 합니다. 그분과 동행하며, 바르게 분별하고, 복음에 합당한 삶을 살아야 합니다. 요셉은 보디발의 아내가 아닌 하나님을 선택했습니다. 유혹 앞에서 신앙을 선택했습니다. 이처럼 유혹으로부터의 승리는 결국 선택의 문제입니다. '세상이냐, 아니면 하나님이냐.' 나는 지금 무엇을 선택하고 있습니까? 성령님을 의지한다면, 그분은 우리가 유혹과 악에 빠지지 않고 바른 길을 선택하도록 인도하십니다. 우리 모두 영적 전쟁에서 승리하고, 우리의 왕 되신 하나님께 승리의 찬가를 올려 드립시다.

나라와 권세와 영광이 아버지께 영원히 있사옵나이다. 아멘!

용서는
사는 길입니다

●
●
●

너희가 사람의 잘못을 용서하면 너희 하늘 아버지께서도 너희 잘못을 용서하시려니와 너희가 사람의 잘못을 용서하지 아니하면 너희 아버지께서도 너희 잘못을 용서하지 아니하시리라(마 6:14-15).

마태복음 6장 14-15절에서 예수님이 말씀하신 '용서'는 어렵습니다. 이 말씀은 인간의 용서가 하나님의 용서에 선행^{先行}해야 한다는 뜻일까요? 사실 본문에 따라서 양자의 선후^{先後} 관계가 다르게 나타납니다. 우리가 타인을 용서하는 것이 하나님께서 우리를 용서하시는 것에 선행해야 한다는 말씀도 있고(11:25, 마 5:23-24; 눅 6:37), 타인을 용서하는 것이 하나님께서 우리를 이미 용서하셨기 때문에 가능하다는 말씀도 있습니다(엡 4:32; 골 3:13). 이를 종합적으로 보여 주는 것이 마태복음 18장 21-35절의 '용서할 줄 모르는 종'의 비유입니다. 앞서 살펴본 바와 같이, 이 비유는 하나님의 용서와 인간의 용서가 서로 상호적^{相互的}이어야 함을 알려 줍니다. 하나님께 1만 달란트(6조)에 해당하는 용서를 빌면서, 자신은 정작 1백 데나리온(1천만 원)의 용서에 인색하다면, 그것은 모순이라는 것입니다. 하나님의 용서와 인간의 용서는 동전의 양면과 같습니다.

사실 마태복음 6장 14-15절 말씀은 신학적으로 어렵다기보다는 '실천'하기가 어렵습니다. 세상에 '상처' 없는 사람은 아무도 없습니다. 살면서 육체적으로나 정신적으로 상처를 받습니다. 언제 받아도 아프지만, 특별히 어릴수록 상처는 내면內面으로 파고듭니다. 인격 형성에 영향을 미치고 일그러진 자아상을 만들어 내기도 합니다. 그래서 우리는 상처를 극복해야 합니다. 그럼 상처는 어떻게 이겨 낼 수 있을까요? 시간이 지나면 해결이 될까요? 시간이 지나도 해결되지 않는 분노는 여전히 남습니다. 그래서 아프다고 외면하지 말고 '직면直面'해야 합니다. 내면을 들여다보고 상처의 원인을 찾아야 합니다. 나에게 상처를 준 사람과 환경, 그리고 자기 자신과의 용서와 화해가 필요합니다. <u>상처와 분노를 해결하는 것은 세월이 아니라 용서입니다.</u>

하나님은 용서를 처방하셨습니다

예수님은 '용서'를 단순한 권장사항이 아닌, 명령命令으로 말씀하고 계십니다. 우리는 몸이 상傷하거나 아프면 병원에 갑니다. 의사의 진단을 받고, 그 처방을 따릅니다. 심각한 병病일수록 의사의 처방은 선택사항이 아닙니다. 그것을 그대로 따라야 내가 살 수 있습니다. 마찬가지로 <u>우리의 치료자 되신 예수님께서는 우리의 상처에 '용서'를 처방하셨습니다.</u> 상처가 깊을수록 그것은 선택사항이 아닌, 반드시 지켜야 할 명령이 되는 것입니다. 그래야 내가 살 수 있습니다.

찰스 스타인메츠Charles Proteus Steinmetz라는 미국인 전기 공학자가 있었습니다. 그는 곱사등에 소위 '난쟁이'라 불리던 왜소증 환자였습니다. 그러나 전기 분야에 200여 개의 특허를 낼 정도로 명석한 두뇌를 갖고 있었습니다. 스타인메츠는 미시간 주 디어본에 있는 헨리 포드$^{Henry\ Ford}$의 첫 번째 공장에다 큰 발전기를 설치했습니다. 하루는 이 발전기가 고장이 나서 공장의 가동이 중지되었습니다. 일반 전기공과 수리공들을 불렀지만 그들은 발전기를 고치지 못했습니다. 헨리 포드는 큰 손해를 보게 되었고, 결국 스타인메츠를 부릅니다. 공장에 도착한 스타인메츠는 몇 시간 동안 규모 없이 일하는 것처럼 보였습니다. 그러다가 그가 스위치를 올리니, 신기하게도 공장이 다시 가동되기 시작했습니다.

며칠 후에 헨리 포드는 스타인메츠로부터 10,000달러의 청구서를 받게 되었습니다. 포드는 비록 부자이긴 했으나, 청구 금액이 너무 많다고 생각했습니다. 그래서 그 청구서에다 이렇게 쓴 메모를 붙여서 돌려보냈습니다.

"스타인메츠, 이 청구서의 금액은 당신이 그 모터를 두드리며 몇 시간 일 한 것에 비해 너무 비싼 금액이 아닙니까?"

스타인메츠는 포드에게 청구서를 다시 돌려보냈습니다. 이번에는 이렇게 쓰여 있었습니다.

"모터를 두드리며 일한 것: 10달러

어디를 두드려야 할지를 알아 낸 것: 9,990달러

합계: 10,000달러"

이 청구서를 받아든 헨리 포드는 청구 금액을 그대로 지불했습니다. 아무리 좋은 수리공도 어디를 두드려야 할지를 모르면 아무 소용이 없기 때문입니다. 스타인메츠는 정확히 어디를 두드려야 할지를 알고 있었습니다. 왜냐하면 그는 발전기를 만든 장본인이었기 때문입니다.

상처와 아픔으로 고장난 삶 앞에서, 뭐가 문제인지 갈피조차 잡히지 않습니다. 용서를 하려고 해도 어떻게 해야 하는지, 복잡한 관계의 실타래를 어디서부터 손을 대야 하는지 막막합니다. 전문가를 찾고, 책도 읽고, 약도 먹어 보지만 잘 해결되지 않습니다. 그러나 하나님은 어디에 손을 대야 할지, 어디를 두드려야 할지 알고 계십니다. 그분은 우리를 만드셨기 때문입니다. 지금 상처와 아픔으로 내 삶이 멈추어 섰다면, 그분을 초청합시다. 그분의 별명은 '여호와 라파', 치료하시는 하나님입니다.

용서는 내가 사는 길입니다.

우리 몸에는 건강의 유무를 떠나 암세포들이 만들어지고 있습니다. 건강한 사람의 경우 이런 암세포가 'NK 세포'natural killer cell'에 의해 제거됩니다. 'NK 세포'는 바이러스에 감염된 이상 세포나 암세포를 파괴하는 면역세포입니다. 그러나 스트레스를 받게 되면 'NK 세포'는 수가 줄어들고 우리 몸의 면역체계에 빨간 불이 들어오게 됩니다. 입 속의 침도 면역에 중요한 기능을 하는 면역글로불린Immunoglobulin을 포함하고 있습니다. 그래서 침은 입으로 들어오는 세균을 막는 1차 방어선 역할을 하게 됩니다. 그런데 과도한 스트레스를 받게 되면, 면역글로불린 수치가 떨어집니다. 결국 정신적인 고통을 잘 해소하지 않으면, 몸이 점차 쇠약해지고, 기력을 잃게 되는 것입니다.

그래서 용서가 중요합니다. 용서하지 못한 사람에 대한 분노는 우리를 늘 괴롭힙니다. 마음만 황폐해지는 것이 아니라, 우리의 몸도 지치고 서서히 병들어 갑니다. 따라서 <u>분노는 느린 형태의 자살입니다</u>. 내가 누군가를 미워하고 저주한다면 '그 인간'을 상傷하게 합니까? 아니면 내가 상합니까? '그 인간'은 두 다리 뻗고 잠만 잘 잡니다. 오히려 분노를 품은 내가 밤잠을 설치고, 소화가 안 되고, 삶에 건강한 의욕을 잃습니다. 그래서 상대를 용서하지 않고 분노를 꼭 틀어쥐고 있는 것은 '쥐약은 내가 먹고 상대가 죽기를 바라는 것과 마찬가지'입니다. '그 인간' 때문에 억울한데, 용서하지 않아서 결국 내 건강을 망치면, 이건 더 비참한 일이 아닐 수 없습니다. 원수 갚는 것은 하나님께 있다고 말씀하셨습니다 (롬 12:19). 마음에 돌덩어리가 있다면, 용서합시다. 그래야 내가 삽니다.

용서는 함께 사는 길입니다.

어느 시골에서 수박 농사를 크게 짓고 계시던 할아버지가 있었습니다. 그런데 동네 청년들이 밤에 와서 자꾸 수박을 서리해 갔습니다.

"야, 인마! 왜 우리 밭에만 와서 서리질이야!"

청년들이 대꾸했습니다.

"할아버지가 제일 부잔데 청년회 발전 기금은 한 푼도 안 내시잖아요!"

할아버지는 청년들이 너무 괘씸했습니다. 그래서 농약을 한 가득 주사기에 넣고서는 수박 밭에 있는 수박 한 덩이에 찔러 넣었습니다. 그리고서 푯말을 세웠는데, 그 위에 다음과 같은 문구를 썼습니다.

"이곳 수박 밭의 수박 한 덩이에는 농약이 잔뜩 들어 있음. ‒주인 백‒"

그걸 보니까 누가 와서 서리해 갈 엄두를 내지 못했습니다. 그런데 다음날 할아버지가 밭에 나가 보니까 자기가 세운 푯말이 사라지고 다른 푯말이 서 있었습니다.

"이곳 수박 밭의 수박 두 덩이에는 농약이 잔뜩 들어 있음. ‒서리꾼 백‒"

또 어떤 수박에 농약이 들어 있는지 할아버지는 알 길이 없었습니다. 그래서 결국 수박을 시장에다 내다 팔 수 없는 곤란한 상황에 빠지게 되었습니다. 서로 싸우면, 누구도 원하는 것을 얻지 못합니다. 만약 서로에게 배려와 용서의 넉넉함이 있었더라면 모두가 함께 행복을 나눌 수 있었을 것입니다.

성경의 인물 중에서 가장 억울한 일을 당한 인물을 찾아보았습니다. 누구보다 요셉이 아닐까 싶습니다. 요셉은 이복형들에게 질투와 미움을 받습니다. 형들은 요셉을 죽이고 싶었지만, 자신들의 손에 피를 묻히기는 싫었습니다. 물 없는 구덩이에 던져 넣어 맹수의 밥이 되게 했습니다. 그런데 점심을 먹다가 보니, 애굽으로 가는 대상(隊商)을 만납니다. 유다가 형제들에게 '저 상인들에게 돈을 받고 파는 것이 차라리 낫지 않냐?'고 제안합니다. 결국 요셉은 형님들에게 인신매매를 당해 은 20냥에 팔려 갑니다. 노예로 애굽 보디발 장군의 집에서 생활을 합니다. 거기서 인정을 받고 형편이 좀 나아지는가 싶더니 보디발 아내의 무고(誣告)로 억울하게 옥에 갇힙니다. 천신만고 끝에 바로의 꿈을 해몽하면서, 요셉은 애굽의 국무총리가 되었습니다. 그리고 드디어 요셉 앞에 자신을 팔아넘긴 형제들이 나타납니다.

여러분이 요셉이라면, 형들을 어떻게 했겠습니까?

1번: 나를 노예로 팔았으니 그들도 노예로 판다.

2번: 굴비 엮듯 엮어서 광야의 구덩이에 던져 넣는다.

3번: 속이 풀릴 때까지 고문을 하거나 사형을 시킨다.

4번: 용서한다.

요셉은 한 많은 자신의 인생을 하나님의 관점에서 해석하고, 형제들을 용서합니다.

당신들이 나를 이곳에 팔았다고 해서 근심하지 마소서 한탄하지 마소서 하나님이 생명을 구원하시려고 나를 당신들보다 먼저 보내셨나이다(창 45:5).

이러한 요셉의 삶을 보며 떠오르는 말이 있습니다. '덕^德은 네가 보고, 복^福은 내가 받는다.' 형제들은 요셉의 용서 덕분에 살았습니다. 그들은 요셉의 덕^德을 본 것입니다. 그리고 요셉은 용서와 화해의 인물로 성경에 기록되는 복^福을 받게 되었습니다. 내가 용서하면, 상대가 그 덕^德을 보겠지만, 나도 역시 하나님께 복^福을 받는다는 사실을 기억해야 합니다. 이처럼 용서는 모두가 사는 길입니다.

말씀을 갈무리하며 용서의 사람 요셉의 얼굴을 떠올려 봅니다. 어떤 모습일까요? 온화한 미소를 머금은 얼굴이 머릿속에 그려집니다. '용서^{容恕}'라는 단어에는 한자로 '얼굴 용^容'자가 들어 있습니다. 이 글자에서 인자하게 웃는 사람의 얼굴을 볼 수 있습니다. 아마도 '용서'란 잃어버린 웃음을 다시 찾는 길이라는 걸 말해 주는 것이 아닐까요?

禁食, 굼식, 金食

∴

> 금식할 때에 너희는 외식하는 자들과 같이 슬픈 기색을 보이지 말라 그들은 금식하는 것을 사람에게 보이려고 얼굴을 흉하게 하느니라 내가 진실로 너희에게 이르노니 그들은 자기 상을 이미 받았느니라 너는 금식할 때에 머리에 기름을 바르고 얼굴을 씻으라 이는 금식하는 자로 사람에게 보이지 않고 오직 은밀한 중에 계신 네 아버지께 보이게 하려 함이라 은밀한 중에 보시는 네 아버지께서 갚으시리라(마 6:16-18).

마태복음 6장에서 예수님은 외식적外飾的인 신앙생활 세 가지를 지목하시며, 그것의 참 의미를 가르쳐 주십니다. 첫째는 구제, 둘째는 기도, 셋째는 금식입니다. 이 가운데 구제와 기도는 이미 살펴보았습니다. 이제 금식에 대한 말씀을 나눌 차례입니다. 금식禁食, fasting 은 기독교에서 '영적靈的인 목적을 갖고 음식을 금禁하면서 기도하는 행위'를 뜻합니다. 그런데 영적인 목적이 아니라 살을 빼기 위한 목적이라든지, 정치적 투쟁을 위함이든지, 몸의 건강을 위한 경우는 금식이 아니라 '굼식'입니다. 굳이 한자로 표현한다면 '斷食[단식]'이라고 할 수 있습니다. 그리고 '금식金

食'이 있습니다. 식사 대신 말씀의 양식을 먹으며 금金과 같이 귀한 영적 체험을 하는 경우입니다. 이런 금식禁食을 금식金食이라고 할 수 있습니다.

저는 금식하면 늘 가족이 떠오릅니다. 지금으로부터 40년 전, 가정에 닥친 풍파를 어머니께서는 온몸으로 막아 내셨습니다. 홀로 '한얼산' 기도원에 올라가셔서 열흘을 금식하시며 기도하셨습니다. 열흘 후에 어머니를 찾아 미음을 사서 드리는데, 기운이 없어 숟가락도 제대로 들지 못하시는 모습을 보았습니다. 어머니 손을 잡고 산을 내려올 때, 얼마나 많은 눈물을 흘렸는지 모릅니다. 열 살 많은 목사 형님이 40일 금식하면 교만해진다고 39일로 금식을 끝마쳤을 때, 뼈에다 가죽을 도배한 것처럼 앙상했던 그 모습을 지금도 잊을 수가 없습니다. 누님은 집안 살림까지 하면서 13일간 금식을 했습니다. 그리고 나서 머리카락이 한 움큼씩 빠졌던 누님의 모습을 보며 너무나 마음이 아팠습니다. 또 아내가 금식하다가 체중이 38kg까지 내려갔을 땐 혹시나 잘못될까 하여 마음을 졸이기도 했습니다.

가정에 어려움과 중대사가 있을 때, 식구들은 금식으로 하나 되어 기도했습니다. 그때마다 하나님의 귀한 은혜를 온 가족이 경험할 수 있었습니다. 성경과 믿음의 간증들을 통해 알 수 있듯이 금식에는 큰 유익이 있습니다. 영성이 깊어지고, 경건의 능력을 얻고, 기도의 응답을 받게 됩니다. 그러나 예수님께서 지적하시듯이, 금식은 올바로 하는 것이 아주 중요합니다.

금식은 대단히 유익합니다(16a절)

성경은 금식에 대한 이야기들이 많습니다. 구약에 보면 모세가 시내산에서 하나님의 '계시啓示'를 받을 때 금식했습니다.

> 모세가 여호와와 함께 사십 일 사십 야를 거기 있으면서 떡도 먹지 아니하였고 물도 마시지 아니하였으며 여호와께서는 언약의 말씀 곧 십계명을 그 판들에 기록하셨더라(출 34:28).

이스라엘 백성들이 '회개悔改'할 때에 금식했습니다.

> 그들이 미스바에 모여 물을 길어 여호와 앞에 붓고 그 날 종일 금식하고 거기에서 이르되 우리가 여호와께 범죄하였나이다 하니라 사무엘이 미스바에서 이스라엘 자손을 다스리니라(삼상 7:6, 12:16).

신약에 와서는, 예수님께서 '공생애公生涯'를 시작하실 때 금식하셨습니다.

> 사십 일을 밤낮으로 금식하신 후에 주리신지라(마 4:2).

안디옥교회는 '하나님의 음성'을 듣고자 금식하며 기도했습니다.

> 주를 섬겨 금식할 때에 성령이 이르시되 내가 불러 시키는 일을 위하여 바나바와 사울을 따로 세우라 하시니(행 13:2).

교회가 '선교사를 파송派送'할 때도 금식하며 기도했습니다.

> 이에 금식하며 기도하고 두 사람에게 안수하여 보내니라(행 13:3).

또한 장로들을 '임직任職'할 때에도 금식하며 기도했습니다.

각 교회에서 장로들을 택하여 금식 기도하며 그들이 믿는 주께 그들을 위탁하고(행 14:23).

성경의 인물들은 '계시啓示'를 받을 때, '회개悔改'할 때, '공적 사역'을 앞두고, '하나님의 음성'을 기다릴 때, 선교사를 '파송派送'하고 '임직任職'할 때 기도했습니다. 이처럼 중대사를 앞두고 성경은 금식을 언급했고, 이러한 모범을 따라 금식은 교회사에서 중요한 실천 덕목으로 전해 내려왔습니다. 그렇다면 믿음의 사람들은 왜 이렇게 금식을 했을까요? 금식에는 바로 놀라운 유익이 있기 때문입니다. 금식의 유익을 7가지로 요약해 보았습니다.

1. 하나님의 임재를 느끼게 됩니다.
2. 인간의 약함을 알게 됩니다.
3. 감사를 알게 됩니다.
4. 하나님을 의지하게 됩니다.
5. 삶을 조절하고 단련할 줄 알게 됩니다.
6. 나쁜 습관에서 해방됩니다.
7. 건강에 큰 도움이 됩니다.

하나님께서 금식에 대해 감동을 주시면, 우선 3일만 금식해 보십시오. 삶에서 식사시간을 빼면 한결 여유가 생기고, 생각이 단순해집니다. 그러므로 하나님께 더 집중할 수 있고, 하나님과 깊은 사귐을 가질 수 있습니다. 또한 욕심을 내려놓고 감사를 회복하게 됩니다. 금식을 하면 평소 하찮게 생각했던 음식들이 얼마나 귀하게 느껴지는지 모릅니다. 후각은 예민해져서 온갖 냄새가 다 풍겨 옵니다. 미각은 순수해져서 금식 후 처음 먹는 흰죽과 동치미 국물이 그렇게 맛있고 감사할 수가 없습니다. 그래서 잃었던 감사를 회복하게 됩니다. 그리고 금식 후에 올바른 보식補食을 하면서 몸을 잘 관리하면 술, 담배, 나쁜 식습관으로부터 벗어날 수 있습니다. 몸은 건강을 되찾고, 나쁜 습관에 길들여졌던 마음은 자유를 얻습니다. 인간의 본능인 '식욕'을 이겨 냈으니, 이제 스스로 삶을 조절하고 절제할 수 있는 힘과 자신감을 배양하게 됩니다. 이처럼 올바른 금식 기도는 우리에게 많은 유익을 줍니다.

> 육체의 연단은 약간의 유익이 있으나 경건은 범사에 유익하니 금생과 내생에 약속이 있느니라(딤전 4:8).

잘못된 금식이 있습니다(16b절)

유대인들은 구약에서 언급된 금식 절기를 철저히 지켰습니다. 우선 대속죄일כפורים [욤 키푸르] 금식 규정을 예로 들 수 있습니다.

> 너희는 영원히 이 규례를 지킬지니라 일곱째 달 곧 그 달 십일에 너희는 스스로 괴롭게 하고 아무 일도 하지 말되 본토인이든지 너희 중에 거류하는 거류민이든지 그리하라(레 16:29).

대속죄일은 유대력Jewish calendar 7월 10일로, 여기서 '스스로 괴롭게 하라.'는 말씀은 '금식하라.'는 명령입니다. 그래서 오늘날에도 유대인들은 이날 회당에 모여 하루 종일 금식하며 뜨겁게 회개기도를 합니다(2016년의 대속죄일은 양력으로 10월 12일). 2015년에 국제연합^{UN}에서는 유대인의 대속죄일을 공식 휴일로 인정하고, 이날에는 공식적인 모임을 열지 않기로 결의하였습니다.

바벨론 포로기를 거치면서 유대인들에게는 네 가지 금식일이 더 추가되었습니다.

만군의 여호와가 이같이 말하노라 넷째 달의 금식과 다섯째 달의 금식과 일곱째 달의 금식과 열째 달의 금식이 변하여 유다 족속에게 기쁨과 즐거움과 희락의 절기들이 되리니 오직 너희는 진리와 화평을 사랑할지니라(슥 8:19).

유대력을 따라서 이 4가지 금식일은 다음과 같습니다.

- 4월 9일 – 느부갓네살에 의해 예루살렘 성벽이 파괴된 날
- 5월 9일 – 느부갓네살에 의해 예루살렘 성전이 파괴된 날
- 7월 2일 – 그달리야가 학살된 날
- 10월 10일 – 느부갓네살이 예루살렘을 포위한 날

신약 시대에 이르러 바리새인들은 매주 이틀(월요일과 목요일)을 금식일로 지정했습니다.

바리새인은 서서 따로 기도하여 이르되 하나님이여 나는 다른 사람들 곧 토색, 불의, 간음을 하는 자들과 같지 아니하고 이 세리와도 같지 아니함을 감사하나이다 나는 이레에 두 번씩 금식하고 또 소득의 십일조를 드리나이다

하고(눅 18:11-12).

　율법을 받기 위해서 모세가 시내산에 오른 날이 '목요일'이고, 하산한 날이 '월요일'이라 생각하고, 바리새인들은 이날들을 기념하여 금식을 했습니다.
　예수님께서도 40일을 금식하셨듯이, 금식은 당시 유대인들에게 친숙한 종교적 일상이었습니다. 그런데 본문 말씀에서처럼 예수님은 잘못된 금식을 경고하십니다. 잘못된 금식이란, 금식할 때 물을 마시지 않거나 보식을 잘못해서 몸이 망가지는 걸 말하는 게 아닙니다. 이는 금식을 하는 '태도'가 잘못되어 있는 경우를 말합니다. 바리새인들이 금식하는 목요일과 월요일은 사실 유대인들의 '장날$^{market\ day}$'이었습니다$^{Megillah\ 4:1\ 참고}$. 각 촌의 사람들이 물건을 거래하기 위해 도시의 시장에 몰려들면, 바리새인들에게는 자신들의 경건함을 자랑할 좋은 기회가 생기는 것입니다. 금식하면서 얼굴에 분칠을 하고 창백한 모습을 보였습니다. 고의로 머리를 풀어 헤치고 옷을 땅에 질질 끌면서 거리를 활보했습니다. 예수님은 이것이 외식^{外飾}이라고 꼬집으신 것입니다.
　금식이 자기 훈장이 되고 자랑거리가 되는 한, 하나님께서 주실 상은 아무 것도 없습니다.

　경건의 모양은 있으나 경건의 능력은 부인하니 이같은 자들에게서 네가 돌아서라(딤후 3:5).

　우리는 올바른 금식을 통해 경건의 모양이 아닌 경건의 능력을 얻어야 합니다. 산상수훈을 통해 발견할 수 있는 구제, 기도, 금식의 원칙은 다음과 같습니다.

하나님을 위해서는 나팔을 크게 불고 자신을 위해서는 은밀히 한다.

올바른 금식을 해야 합니다(17-18절)

교회를 다니지 않는 사람들도 여러 가지 이유로 단식^{斷食}을 합니다. 특별히 정치적인 목적을 위해 단식투쟁하는 경우를 종종 보게 됩니다. 공익적인 목적을 위한 경우도 있지만, 자신이나 자신이 속한 단체가 원하는 것을 얻기 위해 생명을 담보로 협박하는 경우도 적지 않습니다. 이와 유사하게 성도들 중에서도 수틀리면 '협박성' 금식기도에 돌입하는 분들이 있습니다. 자신이 원하는 것을 얻기 위해 금식하며 하나님께 떼를 쓰는 것입니다. 자신의 목숨을 걸고 하나님과 '밀당'하며, 원하는 것을 응답받지 못하면 이대로 죽어버리겠다는 식입니다. 물론 그 간절하고 애타는 심정을 이해하지 못하는 바가 아닙니다. 그러나 이런 협박성 금식은 올바른 금식이 될 수 없습니다. <u>금식에서 가장 중요한 것은 내 뜻을 관철하는 것이 아니라, 하나님의 마음을 갖는 것</u>입니다. 하나님의 아픔을 알고, 하나님의 마음을 소유하면서 하나님의 눈물을 흘리는 것이 올바른 금식이 되는 것입니다.

> 내가 기뻐하는 금식은 흉악의 결박을 풀어 주며 멍에의 줄을 끌러 주며 압제 당하는 자를 자유하게 하며 모든 멍에를 꺾는 것이 아니겠느냐 또 주린 자에게 네 양식을 나누어 주며 유리하는 빈민을 집에 들이며 헐벗은 자를 보면 입히며 또 네 골육을 피하여 스스로 숨지 아니하는 것이 아니겠느냐 (사 58:6-7).

이사야서의 이 구절은 보통 기도원이나 금식성회에서 많이 인용됩니다. '금식을 하면, 흉악의 결박이 풀어지고, 모든 멍에가 꺾어지고, 양식이 생긴다.'는 식의 풀이를 듣게 됩니다. 얼핏 보기에 이 말씀은 금식 만능주의를 이야기하는 것 같습니다. 그러나 본래의 뜻은 전혀 그렇지 않습니다. 당시 이스라엘 사람들은 형식적인 금식을 하면서 자신들이 해야 할 도리를 다한 것처럼 자만했습니다. 사회적 부조리를 방관하고 경제적 약자들을 짓누르면서, 종교적 겉치레로 거룩함을 가장했습니다. 그들의 위선에 하나님은 이사야 선지자를 통해 경고하신 것입니다. 하나님이 진정으로 원하시는 금식의 정신은 형식적인 종교 행위가 아니라, 억눌리고 포로된 자들의 해방과 가난한 이들을 위한 자비라는 뜻입니다.

그렇기 때문에 우리는 금식의 형식보다 중요한 '<u>금식의 정신</u>'을 기억해야 합니다. 그것은 바로 <u>하나님의 마음을 품는 것</u>입니다. 금식할수록 겸

손하고, 자비로운 성품을 갖게 되고, 하나님의 마음을 깨달아 실천하게 되는 것이 올바른 금식이라 할 수 있습니다. 그러나 금식을 하는데 점점 더 사나워지고, 이기적이게 되고, 강퍅해진다면, 그런 금식은 옳지 않습니다. 금식의 정신은 자기중심적인 생각을 내려놓고 하나님의 마음을 소유하는 것입니다. 그것이 경건의 모양이 아닌 경건의 능력으로 사는 성도의 삶입니다.

하나님과 재물

⋮

너희를 위하여 보물을 땅에 쌓아 두지 말라 거기는 좀과 동록이 해하며 도둑이 구멍을 뚫고 도둑질하느니라 오직 너희를 위하여 보물을 하늘에 쌓아 두라 거기는 좀이나 동록이 해하지 못하며 도둑이 구멍을 뚫지도 못하고 도둑질도 못하느니라 네 보물 있는 그 곳에는 네 마음도 있느니라 눈은 몸의 등불이니 그러므로 네 눈이 성하면 온 몸이 밝을 것이요 눈이 나쁘면 온 몸이 어두울 것이니 그러므로 네게 있는 빛이 어두우면 그 어둠이 얼마나 더 하겠느냐 한 사람이 두 주인을 섬기지 못할 것이니 혹 이를 미워하고 저를 사랑하거나 혹 이를 중히 여기고 저를 경히 여김이라 너희가 하나님과 재물을 겸하여 섬기지 못하느니라(마 6:19-24).

얼마 전 우리 사회의 윤리의식을 보여 주는 조사 결과가 나왔습니다. 흥사단 투명사회운동본부 윤리연구센터가 전국 초·중·고등학생 1만 1,000명을 대상으로 '만약 자신에게 10억이 생긴다면 죄를 짓고 1년 정도 감옥에 가도 좋은가?'라고 물었습니다. 그 결과 고교생의 56%가 '그렇다.'고 응답했습니다. 참으로 안타깝고, 충격적인 결과가 아닐 수 없

듣고 행하라 하신 산상수훈 …

습니다. 같은 질문에 '그렇다.'고 응답한 비율은 초등학생의 경우 17%, 중학생의 경우 39%였습니다. 우리 아이들이 성장할수록, '돈을 위해서라면 범죄자도 될 수 있다.'고 생각하는 비율이 점차 늘고 있습니다. 그렇다면 동일한 질문에 '그렇다.'고 응답할 성인들은 이 땅에 얼마나 더 많이 있겠습니까? 이것이 우리의 현주소입니다. 물질만능주의에 멍들어 가고 있는 우리들의 윤리의식을 보면 가슴이 먹먹해집니다.

　본문 말씀을 통해서 예수님께서는 재물에 대해 우리가 취해야 할 바른 자세를 말씀해 주십니다. 성경을 보면 재물에 대한 많은 교훈이 있습니다. 그리고 예수님의 비유 가운데 돈과 관련된 비유들도 상당수입니다. 그러면 예수님이 돈을 밝히셔서(?) 그런 것일까요? 아닙니다. 그만큼 돈이 성도들의 신앙생활에 적지 않은 영향을 미친다는 뜻입니다. 그런데 정작 교회에서는 재물에 대해 언급하는 것을 꺼리는 경향이 있습니다. 돈에 대해 말을 삼가는 것이 '거룩함'인 것처럼 생각합니다. 그러나 그렇지 않습니다. 재물이 우리 삶에서 중요한 부분을 차지한다면, 교회는 재물에 대해 많은 이야기를 해야 합니다. 그래야 성도들이 재물을 올바로 이해하고 또한 올바로 사용할 수 있기 때문입니다.

영원한 은행은 하늘에 있습니다(19-21절)

　'돈이 악(惡)한 것입니까? 선(善)한 것입니까?'라고 물으면, 답을 주저하는 성도들을 종종 보게 됩니다. 돈이 선하다고 답을 하면 왠지 세속적인 것 같고, 돈이 악하다고 대답하기엔 마음 한구석이 석연치 않기 때문입니다. 사실 재물 자체는 악하거나 선하지 않습니다. 다만 악용될 수도, 선용될 수도 있는 것입니다. 성경은 하나님께서 그의 백성에게 재물 얻을 능력을 주셨다고 말씀합니다.

네 하나님 여호와를 기억하라 그가 네게 재물 얻을 능력을 주셨음이라 이같이 하심은 네 조상들에게 맹세하신 언약을 오늘과 같이 이루려 하심이니라 (신 8:18).

만약 돈이 악(惡)하다고 한다면, 하나님께서 우리에게 재물 얻을 능력을 주실 리가 없습니다. 그래서 성경은 돈이 악하다고 하지 않고, '돈을 사랑함'이 악한 것이라고 말씀합니다.

돈을 사랑함이 일만 악의 뿌리가 되나니 이것을 탐내는 자들은 미혹을 받아 믿음에서 떠나 많은 근심으로써 자기를 찔렀도다(딤전 6:10).

재물은 '사랑'하는 것이 아니라 '사용'해야 하는 것입니다. 톨스토이의 명언처럼, 부(富)는 '거름'과 같아서 축적되어 있을 때는 악취를 풍기지만, 뿌려지면 땅을 기름지게 합니다.

우리는 재물을 '세상적인 것'으로만 치부하기 쉽습니다. 그러나 하나님의 뜻대로 재물을 사용하는 것은 매우 '영적인 행동'입니다. 우리가 재물을 하나님 뜻대로 나눌 때에, 그것은 생명을 살리는 거룩한 비료가 됩니다. 그리고 그 나눔은 예수님의 말씀처럼 '천국 은행 Bank of Heaven'에 보화를 쌓는 가장 확실한 투자가 됩니다.

네 소유를 팔아 가난한 자들에게 주라 그리하면 하늘에서 보화가 네게 있으리라(마 19:21).

그렇습니다. 재물을 올바로 사용하는 것은 이 땅의 생명을 살리고, 하늘에 보화를 쌓는 거룩한 행동입니다.

미국에 존 울드릭John Uldrick이라는 10살쯤 난 꼬마가 있었습니다. 사회복지사였던 울드릭의 어머니는 지역의 가난한 사람들을 조사해서 복지 혜택을 받게끔 주선해 주는 일을 했습니다. 어느 날 어머니는 너무 가난한 집을 방문하게 되었습니다. 무거운 마음을 안고 돌아와서, 자기 아들을 불러 이야기했습니다.

"울드릭아, 내가 보니까 너무 가난한 집이 있더구나. 다섯 식구 사는데, 애들은 장난감이 없어서 돌멩이 가지고 놀고, 누가 갖고 놀다 망가진 것 있으면 그걸 주어다가 갖고 놀고 있단다. 겨우 밥 세 끼는 먹을까? 그런데 크리스마스가 되지 않았어? 네가 소중한 걸 헌금하고 싶다고 했지? 장난감은 헌금함에 넣을 수 없잖아. 네 장난감 중에 제일 큰 거, 그걸 주면 어때?"

울드릭은 정신없이 놀다가 무심결에 "그래요."라고 대답했습니다. 나중에 정신이 들고나서 어머니와 했던 약속이 생각났습니다. 제일 큰 장난감이 비행기인데, 그 비행기 날개가 4피트(1.2미터)나 됐습니다. 얼마나 보물처럼 아끼던 장난감이었는지 모릅니다.

'너무 아끼고 자랑하던 건데 이걸 어떻게 해야 하나.'

어린 마음에 얼마나 속이 상했겠습니까? 그래도 약속을 했으니까, 울며 겨자 먹기로 어머니를 따라 나섰습니다. 그런데 어머니를 따라가 보니까, 들은 대로 아이들이 너무나 불쌍한 겁니다. 어머니는 그 집 아이들에게 비행기를 건네주며 말했습니다.

"애들아, 이건 울드릭이 너희에게 주는 크리스마스 선물이란다."

아이들은 눈이 휘둥그레지면서 비행기를 받아들곤 너무 좋아 펄펄 뛰었습니다. 그렇게 아이들이 기뻐하는 모습을 보니까 울드릭도 내심 기뺐습니다.

그 후로 18년이란 시간이 지났습니다. 울드릭은 대학을 졸업하고 신학대학원에 진학했고, 목사가 되었습니다. 그런데 목사가 되고 난 다음에, 어느 교회에서 자꾸만 담임목사로 와 달라고 청빙을 하는 겁니다. 그 교회에 가 봤더니, 자기가 18년 전에 비행기를 주었던 아들 형제가 봉사하고 있었습니다. 그들은 자신이 준 비행기를 보면서 파일럿의 꿈을 키웠고, 마침내 큰 아들은 여객기 기장, 작은 아들은 공군전투기 조종사가 되었습니다. 그렇게 두 형제는 잘 성장해서 함께 그 교회 장로가 되었고, 결국 자기 가족의 은인인 울드릭을 그 교회 담임목사로 모시게 된 것입니다.

이처럼 우리가 귀한 것을 나눌 때에 그것은 생명을 살리는 능력이 될 수 있습니다. 무소유가 거룩이 아니라, 나눔이 거룩이며, 나눔이 능력입니다. 우리의 영원한 처소는 하늘나라이기 때문에, 그곳에는 땅의 재물을 갖고 갈 수 없습니다. 땅의 재물을 하늘의 보화로 바꾸는 환전換錢이 필요합니다. 그 환율換率은 이 땅에서의 '나눔'입니다. 우리 모두 나눔을 통해 '천국 은행'에 투자하는 거룩한 인생이 되기를 바랍니다.

초점을 하나님께 맞추어야 합니다(22-23절)

본문에서 예수님은 "네 눈이 성하면 온 몸이 밝을 것이요 눈이 나쁘면 온 몸이 어두울 것"이라고 말씀하십니다. 이 말씀은 단순히 시력視力의 좋고 나쁨을 이야기하는 것이 아닙니다. 이것은 근본적으로 영적 시야에 대한 말씀입니다. '성하다'라고 번역된 헬라어는 'ἁπλοῦς[하플루스]'인데, 이 단어는 본래 '단순하다simple', '하나에 초점을 맞추다focused'라는 의미입니다. 예수님의 말씀은 우리의 영적인 시선이 산만하게 초점을 잃어서는 안 된다는 뜻입니다. <u>인생의 초점을 하나님께 맞추는 '영적 단순함'이 건강한 신앙의 원천</u>입니다. 세상과 하나님 사이에서 오락가락하며 신앙의 초점을 잃는다면, 우리는 평안을 잃고 늘 흔들릴 수밖에 없습니다.

우리가 '영적 단순함'을 잃어버린 이유는 무엇이겠습니까? 하나님과 세상 사이에서 초점이 흐트러진 '영적 사시斜視'로 살아가기 때문입니다. 사실 진리는 단순합니다. 예를 들어 '하나님을 사랑하고 이웃을 사랑하라.' 이것을 머리로 이해하는 일은 어렵지 않습니다. 그러나 몸은 교회에 나와 있으면서 한쪽 눈은 여전히 세상을 곁눈질한다면 어떻게 되겠습니까? 신앙생활을 하면 할수록 오히려 마음이 심란해지고 갈등이 생길 수밖에 없습니다. 이런 어중간한 신앙은 무기력합니다. 아무런 능력을 나타낼 수 없습니다. '두 마리 토끼를 잡으려다가 둘 다 놓치고 만다.'는 속담을 우리는 알고 있습니다. 하나에 집중하지 못하고, 욕심을 부리면 결국 모든 걸 잃습니다. 신앙은 '중간中間'이 아니라 '중심中心'입니다. 신앙은 세상과 하나님 사이에서 적당히 양다리 걸치는 '중간中間'이 아니라 우리의 '중심中心'을 오직 하나님께 두는 것입니다. 우리는 하나님께 시선을 고정시키고, '영적 단순함'을 회복해야 합니다. 거룩한 단순함이 복잡함을 이기는 능력입니다.

예수님은 이어서 말씀하십니다.

그러므로 네게 있는 빛이 어두우면 그 어둠이 얼마나 더하겠느냐(23절).

성경은 하나님을 '빛'으로 묘사합니다.

주께서 나의 등불을 켜심이여 여호와 내 하나님이 내 흑암을 밝히시리이다
(시 18:28; 고후 4:6).

'지옥地獄'은 밝은 곳입니까? 아니면 어두운 곳입니까? 그곳은 흑암의 세계입니다(마 22:13). 그곳에는 영원히 꺼지지 않는 '불(눅 3:17)'이 타오르고 있지만, 역설적으로 그곳은 가장 어둡습니다. '빛'이신 하나님께서 그곳에 계시지 않기 때문입니다. 우리의 인생도 마찬가지입니다. 겉보기에 우리가 화려한 삶을 사는 것 같아도, 우리 안에 '빛' 되신 하나님이 계시지 않는다면, 그것은 결코 천국이 될 수 없습니다. 영적으로 볼 때, 하나님 없는 화려함은 지옥에 불과하기 때문입니다. 우리는 지금 무엇을 추구하고 있습니까? 세상입니까? 아니면 하나님입니까? 우리 인생의 초점을 하나님께 맞출 때, 그분의 능력은 우리를 통해 나타나고, 그분의 빛은 우리를 통해 빛나게 될 것입니다.

인생의 목적은 진정한 주인을 찾는 것입니다(24절)

예수님께서는 "한 사람이 두 주인을 섬기지 못한다."고 말씀하십니다. 여기서 언급된 두 주인은 '돈'과 '하나님'입니다. 이 말씀을 달리 표현하자면, 신앙은 선택의 문제입니다. '돈이냐? 아니면 하나님이냐?' 우리는 이 질문 앞에서 분명한 선택을 해야 합니다. 그리고 우리가 내리는 선택에는 항상 결과가 따릅니다. 예를 들어 똥파리를 따라가면 똥밭에 가게 됩니다. 그러나 꿀벌을 따라가면 꽃밭에 가게 되어 있습니다. 돈을 인생의 주인으로 선택한다면 어떻게 되겠습니까? 돈을 쫓아간다면, 우리의 인생은 하나님 없는 지옥에 이를 것입니다. 그러나 하나님을 주님으로 따라가는 인생은 향기로운 인생, 거룩한 인생이 될 것입니다.

그런데 사실 많은 사람들이 돈을 주인으로 섬기며 살아가고 있습니다. 기독교인들 가운데서도 하나님이 아닌 돈을 섬기는 자들이 있습니다. 하나님은 인간에게 피조물을 잘 다스리라고 맡겨 주셨습니다(창 1:28). 마찬가지로 돈은 본래 다스릴 대상이지, 섬기는 대상이 아닙니다. <u>하나님은 나의 주인 되시고, 나는 하나님께 돈을 다스릴 권세를 받는 것이 올바른 순서입니다.</u> 그러나 신앙이 변질이 되면, 주객이 전도됩니다. 돈이 나에게 주인이 되고, 나는 그 돈을 얻기 위해 하나님을 조종하려고 합니다. 결과적으로 내가 하나님을 섬기는 것이 아니라, 하나님이 내 뜻대로 움직여 주셔야 한다는 왜곡된 신앙관을 갖게 됩니다. 그래서 내가 원하는 것을 얻지 못하면, 하나님께 분노합니다. 심지어는 하나님께 '다른 종교로 갈아타겠다.'고 협박도 합니다. 이것은 대단한 교만이자 '영적 갑질'입니다. 신앙은 하나님의 뜻이 나를 통해 이루어지는 것이지, 나의 뜻이 하나님을 통해 관철되는 것이 아닙니다.

군대는 계급의 질서를 잘 따르는 '지휘계통'이 중요합니다. 위·아래의 질서가 무너지면 군 기강은 바로 설 수 없습니다. 마찬가지로 우리는 영적 군사들로 부름 받았습니다. 그렇기 때문에 '하나님 → 나 → 돈'이라는 영적 지휘 계통을 바로 세워야 합니다. 그렇지 않으면 우리의 영적 기강은 무너질 수밖에 없습니다. 우리는 기억해야 합니다. '하나님은 나의 주인 되시고, 나는 하나님께 돈을 다스릴 권세를 받는다.' 이것이 올바른 순서입니다.

군대가 상부의 명령을 실행하기 위해 필요한 자원을 공급하듯이, 하나님의 뜻을 실천하는 삶에는 하나님의 공급하심이 있습니다. 하나님의 공급을 믿고, 우리는 하나님의 뜻을 위해 살아야 합니다. 그래야 우리는 돈에 끌려다니는 인생이 아니라, 돈을 다스리는 인생이 될 것입니다. 유명한 기독교 명언이 있습니다.

인생의 목적은 우리의 소유를 찾는 데 있지 않고, 우리의 주인을 찾는 데 있다.

나의 관심은 무엇입니까? 소유입니까? 아니면 내 인생의 참된 주인을 회복하는 것입니까? 우리의 주인은 하나님이십니다. <u>우리는 물질에 끌려다니는 인생이 아니라 물질을 다스리는 인생이 되어야 합니다.</u>

거룩한 고민

그러므로 내가 너희에게 이르노니 목숨을 위하여 무엇을 먹을까 무엇을 마실까 몸을 위하여 무엇을 입을까 염려하지 말라 목숨이 음식보다 중하지 아니하며 몸이 의복보다 중하지 아니하냐 공중의 새를 보라 심지도 않고 거두지도 않고 창고에 모아들이지도 아니하되 너희 하늘 아버지께서 기르시나니 너희는 이것들보다 귀하지 아니하냐 너희 중에 누가 염려함으로 그 키를 한 자라도 더할 수 있겠느냐 또 너희가 어찌 의복을 위하여 염려하느냐 들의 백합화가 어떻게 자라는가 생각하여 보라 수고도 아니하고 길쌈도 아니하느니라 그러나 내가 너희에게 말하노니 솔로몬의 모든 영광으로도 입은 것이 이 꽃 하나만 같지 못하였느니라 오늘 있다가 내일 아궁이에 던져지는 들풀도 하나님이 이렇게 입히시거든 하물며 너희일까보냐 믿음이 작은 자들아 그러므로 염려하여 이르기를 무엇을 먹을까 무엇을 마실까 무엇을 입을까 하지 말라 이는 다 이방인들이 구하는 것이라 너희 하늘 아버지께서 이 모든 것이 너희에게 있어야 할 줄을 아시느니라 그런즉 너희는 먼저 그의 나라와 그의 의를 구하라 그리하면 이 모든 것을 너희에게 더하시리라 그러므로 내일 일을 위하여 염려하지 말라 내일 일은 내일이 염려할 것이요

한 날의 괴로움은 그 날로 족하니라(마 6:25-34).

머리의 무게는 보통 얼마가 될까요? 평균적으로 4-5kg정도가 된다고 합니다. 물론 경우에 따라서는 그 이상 되는 사람도 있죠. 사람은 머리가 클 경우에 폼은 좀 안 날 수 있습니다. 맞는 모자 찾기가 쉽지 않고, 안경도 다리가 부러질 정도로 벌려야 쓸 수 있습니다. 그러나 머리 큰 사람은 상대적으로 치매에 걸릴 확률이 낮아진다고 하니, 건강상으로는 큰 장점인 것이 분명합니다. 그런데 남들보다 무게가 좀 더 나가는 머리를 어깨에 이고 다녀야 하니까, '불편해서 이거 떼버리고 싶다!'는 사람 보셨습니까? 머리는 무게가 좀 더 나간다고 해서 결코 짐스럽다거나 무겁다고 생각하지 않습니다. 그런데 실제의 머리 무게보다 10배, 100배 우리의 어깨를 무겁게 만드는 건 사실 머리가 아니라 '머릿속의 생각'입니다. 머릿속의 생각이 무거운 짐이 되어 우리의 어깨를 누르고 영혼을 누를 때가 참 많습니다. 마치 사탄이 가룟 유다에게 예수를 팔아넘길 '생각'을 넣어 주었던 것처럼, 사탄은 부정적인 생각들로 우리의 마음을 장악하려고 합니다. 그래서 성경은 말씀합니다.

모든 지킬 만한 것 중에 더욱 네 마음을 지키라 생명의 근원이 이에서 남이니라(잠 4:23).

'마음을 지키라.'는 것은 우리의 마음이 사탄의 공격에 노출되어 있다는 것입니다. 그렇기 때문에, 미용실에서 머리 모양을 잘 가꾸는 것 이상으로 중요한 것이 머릿속 생각을 잘 관리하는 것입니다.
우리가 특별히 마음을 지키기 위해 경계해야 할 대상은 '염려'입니다.

지나친 염려는 영적으로 매우 해롭습니다.

> 너희는 스스로 조심하라 그렇지 않으면 방탕함과 술취함과 생활의 염려로 마음이 둔하여지고 뜻밖에 그 날이 덫과 같이 너희에게 임하리라(눅 21:34).

우리는 흔히 방탕함이나 알코올중독 같은 것이 우리를 영적으로 병들게 한다고 생각합니다. 그런데 예수님께서는 '염려'도 우리의 영적 건강에 백해무익한 것으로 지적하십니다.

> 가시떨기에 뿌려졌다는 것은 말씀을 들으나 세상의 염려와 재물의 유혹에 말씀이 막혀 결실하지 못하는 자요(마 13:22).

염려는 말씀의 기운을 막고, 마음을 둔하게 하는 영혼의 덫입니다. 그렇다면, 우리는 염려를 극복할 방법을 찾아야 합니다. 본문 말씀을 통해 다음 세 가지를 생각해 봅시다.

염려보다 묵상을 합시다(25-30절)

세상에 문제없는 인생은 없습니다. 믿는 성도들도 늘 '푸른 초장'만이 아니라, '사망의 음침한 골짜기'를 지날 때가 있습니다. 문제를 피할 수 없다면, 그것을 잘 극복해야 합니다. 그렇기 때문에 문제보다 더 중요한 것은 그것에 대한 우리의 '반응'입니다. 대표적인 예로 구약의 열두 정탐꾼 이야기를 들 수 있습니다. 출애굽 후에. 이스라엘의 대표로 선발된 열두 정탐꾼은 40일 동안 가나안 땅을 탐지하고 돌아왔습니다. 열두 명의 보고는 동일한 내용으로 시작합니다.

모세에게 말하여 이르되 당신이 우리를 보낸 땅에 간즉 과연 그 땅에 젖과 꿀이 흐르는데 이것은 그 땅의 과일이니이다 그러나 그 땅 거주민은 강하고 성읍은 견고하고 심히 클 뿐 아니라 거기서 아낙 자손을 보았으며
(민 13:27-28).

열두 명의 정탐꾼은 똑같은 상황을 보고 왔습니다. 그러나 상황에 대한 그들의 해석은 전혀 달랐습니다. 열 명은 가나안 사람들에 비해 자신들이 '메뚜기'와 같다고 해석했습니다(민 13:33). 반면에 여호수아와 갈렙은 '하나님이 우리와 함께 하시면 그들은 우리의 밥'이라고 해석합니다(민 14:9). 결국 불안과 두려움에 짓눌린 출애굽 1세대는 광야에서 다 죽습니다. 1세대 가운데 오직 여호수아와 갈렙만이 가나안 땅에 들어갑니다. 이처럼 '우리에게' 일어난 일보다 더 중요한 것은 '우리 안에서' 일어나는 일입니다. 우리에게 일어난 '사건' 보다 우리 안에서 일어나는 '해석'이 우리를 지배하기 때문입니다.

열 명의 정탐꾼과 이스라엘 백성은 문제의 크기 앞에 압도되었습니다. 그러나 여호수아와 갈렙은 하나님의 크심을 바라보았습니다. 문제와 자신을 비교하면, 문제는 커 보이고 자신은 작아 보입니다. 그래서 두려워지고 불안과 염려에 사로잡힙니다. 그러나 문제보다 크신 하나님을 믿음으로 붙들 때, 우리는 그 두려움과 담대히 싸울 수 있습니다. 그래서 우리는 문제의 크기가 아니라 하나님의 크심을 묵상해야 합니다.

본문 말씀에서 예수님도 '문제를 보라!'고 말씀하지 않으십니다. 문제를 바라본들 느끼는 것은 염려뿐입니다. 그리고 염려는 내일의 문제를 없애 주는 것이 아니라 오늘의 힘을 빼앗아 갑니다. 문제 대신에 예수님은 '공중의 새를 보라!', '들의 백합화를 보라!'고 말씀하십니다. 무슨 뜻일

까요? 공중의 새와 들의 백합화를 먹이시고 입히시는 하나님을 묵상할 때에, 문제를 이길 힘을 우리가 얻게 된다는 말씀입니다. 시편 기자도 동일한 고백을 합니다.

> 내가 산을 향하여 눈을 들리라 나의 도움이 어디서 올까 나의 도움은 천지를 지으신 여호와에게서로다(시 121:1).

예수님이 아닌 '풍랑'에 시선을 빼앗긴 베드로가 바다에 빠지듯이(마 14:30), 우리가 문제에 시선을 빼앗긴다면, 우리는 불안과 염려에 빠져 허우적거리게 됩니다. 우리는 문제가 아닌 하나님을 묵상해야 합니다.

> 아무 것도 염려하지 말고 다만 모든 일에 기도와 간구로, 너희 구할 것을 감사함으로 하나님께 아뢰라(빌 4:6).

문제에 대한 최선의 반응은 염려가 아니라 기도이며, 하나님을 묵상하는 것입니다.

약 100여 년 전에 죠셉 스크리븐 Joseph M. Scriven 이란 아일랜드 청년이 있었습니다. 명문 트리니티대학을 졸업하고 아름답고 사랑스러운 여인을 만나 약혼을 합니다. 그런데 결혼 전야에 약혼녀가 상경하던 중 배가 파선하여 익사하고 말았습니다. 처음에는 슬퍼서 넋을 잃고 울다가, 차츰 분노와 원망에 사로잡힙니다.

"왜 하필 나에게 이런 일이 벌어지는가!"

너무나 억울한 나머지, 다른 사람을 죽여야 그 분노가 풀릴 것 같았습니다. 그래서 군인이 되기 위해 사관학교에 입학합니다. 그러나 신체 허

약으로 인해 훈련을 감당하지 못하고 자퇴를 할 수밖에 없었습니다. 결국 슬픔으로 채워진 고향을 떠나 캐나다로 이민을 떠납니다. 그리고 그곳에서 다시 두 번째로 약혼을 하게 되었습니다. 그런데 그 약혼녀도 열병에 걸려 쓰러지더니 결국 죽고 말았습니다.

"어떻게 이런 일이 두 번씩이나!"

실의에 빠진 스크리븐은 성격이 광폭해져서 만나는 사람마다 시비를 걸고 술에 빠져 살았습니다.

그러다가 그의 어머니가 피를 토하고 쓰러지셨는데, 돌아가실 것 같다는 연락을 받습니다. 청천벽력 같은 소식에 오히려 정신을 차립니다. 두 약혼녀를 잃었는데 어머니도 잃을 수 없다고 생각한 스크리븐은 교회를 찾아갑니다. 그리고 간절히 기도했습니다.

"하나님, 어머니를 낫게 해 주십시오. 하나님을 원망하고 세상을 저주하며 미워하였던 저를 불쌍히 여기시고, 제 어머니를 낫게 해 주십시오."

그때 마음에 하나님의 음성을 듣습니다.

"너는 사랑하는 사람을 바다에서 잃었고, 나는 십자가에서 잃었구나. 너는 너의 약혼녀를 잃음으로 세상을 미워하게 되었으나, 나는 나의 아들을 잃음으로 너를 사랑하게 되었다."

스크리븐은 하나님의 위로에 큰 감동을 받고, 병상에 누워 계신 어머니께 편지를 씁니다. 그 편지의 끝에는 그가 쓴 시가 적혀 있었습니다.

> 근심 걱정 무거운 짐 아니진 자 누군가
> 피난처는 우리 예수 주께 기도드리세
> 세상 친구 멸시하고 너를 조롱하여도

예수 품에 안기어서 참된 위로 받겠네

이 시는 찬송가 369장 "죄짐 맡은 우리 구주"의 가사가 되어 지금도 많은 성도들에게 하나님의 위로를 전하고 있습니다. 무거운 짐들이 자신을 짓누를 때, 분노도, 술도, 폭력도 그의 짐을 덜어 주지 못했습니다. 그러나 그가 하나님께 나아왔을 때, 기도와 묵상 가운데 진정한 위로와 회복을 경험하게 되었습니다. 우리도 삶의 무게가 힘겹게 느껴질 때, 문제가 아닌 하나님을 묵상해야 합니다. 하나님 안에 참된 위로가 있고, 문제를 이겨 낼 능력이 있습니다.

거룩한 고민을 해야 합니다(31-34절)

어떤 사람의 고민을 들어 보면, 그 사람의 성숙과 인격의 깊이를 알 수 있습니다. 대게의 경우 인생이 성숙하면서 고민의 내용도 함께 성숙합니다. 혹시 유치원생이 머리에 띠를 두루고 '정의 사회 구현!'을 외치는 경우를 본 적이 있습니까? 전혀 없습니다. 아이는 그 수준에 맞는 고민을 합니다. 무슨 아이스크림을 먹을지, 어떤 장난감을 고를지, 어떻게 하면 컴퓨터 게임을 더 오래 할지 등을 고민합니다. 그러다가 나이가 들면서 소외된 이웃과 사회 그리고 정의를 위한 고민을 하게 되는 것이죠. 사람이 성숙하면서 고민의 내용도 함께 성숙하는 것입니다.

성도들도 마찬가지입니다. 신앙이 성숙할수록 고민의 내용이 달라져야 합니다. 모든 사람들은 의식주를 해결해야 할 필요가 있습니다. 이것을 해결하기 위해 많은 사람들이 고민을 합니다. 이 차원이 무의미하다는 것이 아닙니다. 예수님은 이러한 것들이 우리에게 '필요한 것'임을 하나님께서도 알고 계신다고 말씀하셨습니다(32절). 그러나 우리의 고민은

이 수준에 머물러서는 안 됩니다. 반드시 이것을 넘어서야 합니다. 예수님께서는 우리에게 "무엇을 먹을까, 무엇을 마실까, 무엇을 입을까 염려하지 말고, 먼저 그의 나라와 그의 의를 구하라"고 말씀하셨습니다. 우리의 고민은 의식주를 넘어서 하나님의 나라와 그의 의를 위한 차원으로 발전해야 한다는 뜻입니다. 그것이 성도의 성숙입니다. 그렇기 때문에 만약 내 고민의 수준이 세상 사람들과 다를 것이 없다고 한다면, 나의 신앙은 아직 어린아이의 수준에 머물고 있는 것입니다.

신앙이 성숙하면서 고민도 성숙해집니다. '무엇을 먹을까?' 염려하던 사람이 이제는 '말씀의 떡'에 배고파합니다. '무엇을 마실까?' 염려하던 사람이 이제는 '성령의 생수'에 목말라합니다. '무엇을 입을까?' 염려하던 사람이 이제는 '성령의 전신갑주'를 입고자 고민하게 됩니다. 그래서 이제는 말씀의 떡을 먹고 성령의 생수를 마시며, 성령의 전신갑주를 입고 하나님의 나라와 그의 의를 위해 살아갑니다. 이것이 성도의 거룩한 고민이며, 신앙의 성숙입니다. 지금 각자 자신에게 물어봅시다. '나는 지금 무엇을 고민하며 살아가고 있습니까?'

미래는 하나님의 영역입니다(34절)

끝으로 예수님은 "그러므로 내일 일을 위하여 염려하지 말라."고 말씀하십니다(34절). 본문에서 '염려하다'라고 번역된 헬라어 원어는 '$\mu\varepsilon\rho\iota\mu\nu\acute{\alpha}\omega$'[메림나오]입니다. 이 단어는 '나누다'는 뜻의 '$\mu\varepsilon\rho\acute{\iota}\zeta\omega$'[메리조]'와 '마음', '생각'이란 뜻의 '$\nu o\tilde{\upsilon}\varsigma$'[누스]가 합쳐진 합성어입니다. 결국 염려는 '우리의 마음이 나누인 상태'라는 뜻이지요. 다시 말해서, 하나님에 대한 신뢰와 불신이 어중간하게 섞인 상태가 바로 염려의 뿌리입니다. 우리가 정말 하나님을 온전히 신뢰한다면, 내일을 염려하지 않을 것입니다. 빌 게이츠의 아들이 내일 먹을 밥을 고민하겠습니까? 아니면 삼성그룹 회장의 아들이 내일 입을 옷을 염려할까요? 온 천하의 주인이신 하나님을 온전히 신뢰해야, 그분의 공급하심을 믿고 담대해질 수 있습니다.

많은 사람들은 불안하기 때문에 자꾸만 내일을 '예측豫測'하려고 합니다. 그래서 곳곳에 점집과 철학관이 넘쳐납니다. 현재 우리는 "역술인 50만 시대(2011. 6. 24. MBC 뉴스데스크)"의 한국을 살아가고 있습니다. 그만큼 많은 사람들이 무당을 찾고 점집을 찾고 있다는 사실의 방증입니다. 그런데 누구도 100% 미래를 예측할 수 없습니다. 귀신은 과거를 잘 맞추어도, 미래에 대해서는 잘 알지 못합니다. 예전에 한국을 대표하는 박수무당이 '미래를 100% 맞출 수 있다는 점집은 모두 사기'라고 말하는 것을 보았습니다. 신기神氣가 충만한 무당도 미래에 대해서는 솔직히 60~70% 정도밖에 맞추지 못한다는 것입니다. 미래는 귀신의 영역이 아닌 하나님의 영역입니다. 그래서 <u>성도는 미래에 대해 예측하기보다는 '결단決斷'</u> 해야 합니다. 지금 내가 믿음을 선택한다면, 반드시 주님과 함께 최후에 승리할 것입니다. 그러나 지금 내가 세상을 선택한다면, 결국 최후의 심판을 면할 수 없을 것입니다.

어리석은 사람은 과거에 대해 '후회'하고, 현재를 '불평'하며, 미래에 대한 '염려'로 세월과 재물을 허비합니다. 그러나 성도들은 과거를 생각하며 '에벤에셀'의 하나님께 감사하고, 현재 나와 함께하시는 '임마누엘'의 하나님을 찬송하고, 미래를 준비하시는 '여호와 이레'의 하나님을 신뢰합니다. 물론 우리의 생존을 위해서 의식주가 필요합니다. 그러나 우리의 필요를 '무한 리필refill'하시는 분은 하나님이십니다. 그렇다면 우리에게 무엇이 가장 필요합니까? 바로 하나님입니다. 주님 한 분이면 충분합니다.

알지 못하는 우리의 미래를 우리가 알고 있는 하나님께 맡기는 것을 결코 두려워하지 말라.

―코리텐 붐[1882-1983], 네덜란드 기독교인, 나치 수용소 생존자

마태복음 7장

나더러 주여 주여 하는 자마다 다 천국에 들어갈 것이 아니요
다만 하늘에 계신 내 아버지의 뜻대로 행하는 자라야 들어가리라
그 날에 많은 사람이 나더러 이르되 주여 주여 우리가 주의 이름으로
선지자 노릇 하며 주의 이름으로 귀신을 쫓아 내며
주의 이름으로 많은 권능을 행하지 아니하였나이까 하리니(마 7:21-22).

비난 대신
거룩한 삶으로

∶

비판을 받지 아니하려거든 비판하지 말라 너희가 비판하는 그 비판으로 너희가 비판을 받을 것이요 너희가 헤아리는 그 헤아림으로 너희가 헤아림을 받을 것이니라 어찌하여 형제의 눈 속에 있는 티는 보고 네 눈 속에 있는 들보는 깨닫지 못하느냐 보라 네 눈 속에 들보가 있는데 어찌하여 형제에게 말하기를 나로 네 눈 속에 있는 티를 빼게 하라 하겠느냐 외식하는 자여 먼저 네 눈 속에서 들보를 빼어라 그 후에야 밝히 보고 형제의 눈 속에서 티를 빼리라 거룩한 것을 개에게 주지 말며 너희 진주를 돼지 앞에 던지지 말라 그들이 그것을 발로 밟고 돌이켜 너희를 찢어 상하게 할까 염려하라
(마 7:1-6)

사람들은 대개 '비판'이라는 말을 부정적으로 받아들입니다. 그런데 비판이라는 단어를 정작 사전에서 찾아보면 다음과 같습니다.

비판批判 : 사물의 옳고 그름을 가리어 판단하거나 밝히는 것.

듣고 행하라 하신 산상수훈 …

사전적 의미만을 놓고 본다면, 비판은 본래 부정적인 의미가 아님을 알 수 있습니다. 그렇다고 한다면, 우리는 오히려 비판적 사고를 할 줄 알아야 합니다. 옳고 그름을 판단하고 불의不義에 맞서 싸우는 것이 신앙생활의 기본이기 때문입니다. 그런데 왜 우리는 '비판'이란 단어를 부정적으로 인식하게 된 것일까요? 그것은 비판과 '비난非難'을 혼동했기 때문입니다. 국어사전은 비난을 '남의 잘못이나 결점을 책責 잡아서 나쁘게 말함'이라고 정의합니다. 그렇다면 본문 말씀에 등장하는 '비판'이라는 단어도 사실 '비난'의 의미로 이해해야 적절합니다. '비판하다'로 번역된 헬라어 'κρίνω[크리노]'는 '결정하다', '분별하다', '심판하다', '정죄하다', '다스리다' 등의 뜻을 갖고 있습니다. 이 가운데 본문의 문맥에 가장 잘 어울리는 뜻은 '정죄하다'입니다. 따라서 '비판批判'보다는 '비난非難' 혹은 '정죄定罪'라는 번역이 더 적절합니다.

야구 선수이자 전도자였던 빌리 선데이Billy Sunday, 1862-1935는 다음과 같은 명언을 남겼습니다.

위선자를 찾으려고 교회를 샅샅이 살펴보기 전에 집에 가서 거울을 들여다보라. 세상에 위선자들이 많은가? 물론 그렇다. 당신이 위선자의 숫자를 하나 줄이도록 애쓰라.

본문에서 '비난'과 '정죄'를 경계하신 예수님의 말씀과 잘 부합하는 명언입니다. 우리는 남의 잘못을 보고 비난하기 쉽지만, 정작 자기 자신에게도 그러한 허물이 있음을 알고 겸손해야 합니다. 비난과 정죄는 결코 복음의 정신이 될 수 없습니다.

심판은 하나님의 권한입니다(1-2절)

누구나 '공주병', '왕자병'이라는 말을 들으면 머릿속에 떠오르는 사람이 한 둘 있을 것입니다. 공주병이나 왕자병에 걸리면 주위 사람들은 불편하지만, 정작 본인의 정신 건강에는 좋다고 합니다. 아무래도 우울증보다는 적당한 왕자병이 더 낫겠지요. 공주병을 영어로 '신데렐라 콤플렉스$^{cinderella\ complex}$'라고 합니다. 자신이 신데렐라나 공주가 된 것으로 착각하는 증상입니다. 이와 유사하게 저는 '갓 콤플렉스$^{God\ complex}$'도 있다고 생각합니다. 마치 자신이 '하나님^{God}'인양 모든 것을 다 판단하고 정죄하는 증상입니다. 이것은 정말 위험한 영적 질환입니다. 위선^{僞善} 중에 가장 큰 위선이 바로 '하나님 행세'를 하는 것이기 때문입니다. 정죄와 심판은 하나님의 몫이지 결코 인간의 역할이 아닙니다.

우리는 하나님의 영역을 침범하거나 그분의 권위에 도전해서는 안 됩니다. 예를 들어 구약의 사울은 왕이 된 후에 교만해졌습니다. 사무엘이 드려야 할 제사를 사울이 드리고 말았습니다. 이러한 사울의 월권에 대해 사무엘은 '망령된 행동'이라고 책망했습니다. 결국 사울은 이 일로 인하여 하나님께 버림을 받게 됩니다. 하나님께서 명하신 일을 무시하는 것은 하나님을 거역한 것이요, 제사를 함부로 한 것은 하나님의 영역을 침범한 것이기 때문입니다. 이와 마찬가지로 사람을 '정죄'하고 '심판'하는 것도 하나님의 영역임을 우리는 알아야 합니다. 우리는 다른 사람을 정죄할 때 자신은 의인^{義人}인양 외식하게 됩니다. 그런 것은 하나님의 영역을 침범한 월권이요, 교만의 죄를 범하는 것입니다.

지난 연말, 한 노인복지관 행사에 참석했습니다. 노인들이 춤을 추고 노래하며 연주하는 데 너무 젊은 분이 보였습니다. 근심걱정이라고는 한 점 없이 행복한 모습으로 흥겹게 춤을 추고 있었습니다. 그래서 관장님께 "혹시 40대부터 노인복지관을 이용할 수 있습니까?"라고 물었습니다. 그런데 관장님은 "저분을 포함하여 여기 계신 모든 분들은 60이 넘은 노인들입니다."라고 귀띔해 주었습니다.

"그럼, 어떻게 저리 행복하고 젊어 보이시나요? 참 행복한 인생을 살아오셨나 봅니다."

그러나 관장님이 들려준 그 할머니의 인생 여정은 뜻밖에도 험난한 길이었습니다. 할머니는 19세에 시집을 갔는데, 자식 많은 집의 첩妾으로 들어간 것이었습니다. 그 고된 삶의 무게는 다 아실 것이라 생각합니다. 가난 때문에 팔려 오듯 시작한 시집살이, 본부인에게서 받은 멸시와 노비처럼 해야 했던 막일들…. 눈물과 한으로 얼룩진 인생이었습니다. 그 할머니를 보며 몇 번을 속으로 되뇌었습니다.

'험한 인생을 살아오시면서 어떻게 저렇게 젊어 보이고 행복한 모습으로 춤을 추실 수 있을까. 겉모습만으로는 참 모를 일이다.'

우리의 판단은 본능적이고, 직감적이며, 부분적인 경우가 많습니다. 이런 경우 논리도 없고 기준도 없습니다. 그러므로 공평할 수 없는 것입니다. 그렇기 때문에 우리는 섣불리 판단하거나 비난하는 일을 조심해야 합니다. 사람을 정죄하고 판단할 만큼 전지전능하시고 선하신 분은 하나님 한 분 밖에 없습니다.

엄격함과 관대함의 균형을 갖추어야 합니다(3-5절)

예수님은 "보라 네 눈 속에 들보가 있는데 어찌하여 형제에게 말하기를 나로 네 눈 속에 있는 티를 빼게 하라 하겠느냐 외식하는 자여 먼저 네 눈 속에서 들보를 빼어라 그 후에야 밝히 보고 형제의 눈 속에서 티를 빼리라(4-5절)."고 말씀하십니다. '티^{speck}'로 번역된 'κάρφος$^{[카르포스]}$'

는 '작은 나무 조각'이고, '들보^{beam}'로 번역된 'δοκός$^{[도코스]}$'는 '두 기둥 위에 얹어서 지붕을 떠받치게 만든 나무'를 의미합니다. 우리 속담 "똥 묻은 개가 겨 묻은 개 나무란다."처럼 예수님의 말씀은 남의 작은 잘못을 들춰내기 전에 스스로를 돌아보라는 뜻입니다.

사람은 누구나 '마음의 자^R'를 가지고 살아갑니다. 그런데 그 자는 신기해서 규격이 통일되어 있지 않고, 경우에 따라 길어졌다 짧아졌다 합니다. 이런 '마음의 자'는 보통 세 종류가 있습니다.

1. 자신에 대해서는 신축성이 강하고 남에게는 엄격한 자
2. 자신에게나 남에게나 엄격한 자
3. 자신에 대해서는 엄격하고 남에게는 관대한 자

어떤 종류의 자가 제일 많다고 생각하십니까? 1번의 경우가 제일 많을 것입니다. 남이 잘못하면 '사람이 어쩜 저럴 수가 있을까!?' 분노하고 비난하면서, 똑같은 실수를 자신이 했을 경우엔 '사람이 그럴 수도 있는 것 아니야!?' 합리화하는 사람들이 많이 있습니다. 한편, 2번의 경우는 자신에게나 남에게나 엄격하고 바른 사람입니다. 그런데 자칫하면, 남을 정죄하기도 쉽고 자신 역시도 죄책감에 눌려 살게 됩니다. '도덕은 악^{惡}만큼이나 빠르게 사람을 질식시킬 수 있다'는 말이 있습니다. 용서와 관용 없는 '도덕제일주의'는 오히려 사람을 공포로 질식시키는 억압이 될 수 있습니다.

따라서 <u>바람직한 신앙의 자세는 엄격함과 관대함의 균형을 갖추는 것</u>입니다. 3번의 경우처럼 자신이 잘못을 했을 때에는 그것을 인정하고 용서를 구해야 합니다. 내 눈에 박힌 '들보'를 회개의 눈물로 빼내야 합니다.

그래야 죄책감으로부터 벗어날 수 있습니다. 그리고 다른 사람의 '티'에 대해서는 사나워지기보다 유연해져야 합니다. '완벽한 사람이 어디 있나, 기회를 더 주어야 하지.' 비난보다 이해가 앞서는 것이 바른 신앙의 자세입니다. 그렇다고 해서 옳고 그름의 분별없이 살라는 뜻이 아닙니다. 영적 분별력을 갖되 긍휼히 여기는 삶, 곧 엄격함과 관대함의 균형을 갖추는 삶의 지혜가 필요합니다.

배려가 필요합니다(6절)

거룩한 것을 개에게 주지 말며 너희 진주를 돼지 앞에 던지지 말라 그들이 그것을 발로 밟고 돌이켜 너희를 찢어 상하게 할까 염려하라.

이 말씀은 얼핏 보기에 '비난(정죄)하지 말라.'는 주제와 다른 내용을 담고 있는 것 같습니다. 그러나 대부분의 주석학자들은 이 구절이 독립된 주제가 아니라 '비난하지 말라.'는 말씀과 연관된 것이라고 생각합니다.

여기서 '거룩한 것'과 '진주'는 천국 복음을 상징합니다(마 13:45-46 참고). 천국 복음은 대상을 가리지 말고 온 세상에 전파되어야 합니다(마 24:14). 그러나 복음을 전해도 알아듣지 못하고 거부하는 사람들이 있다는 것을 우리는 경험적으로 알고 있습니다. 보물을 보여 주어도 보물인지 모르는 것입니다. 예수님도 그러한 상황을 이미 예고하셨습니다(마 10:16 이하 참고). 사탄에게 장악되어 교회를 핍박하고, 안티 기독교가 되고, 복음을 적대하고, 성령을 훼방하는 자들에게 복음을 던지면 거부하고 오히려 우리를 공격합니다.

그러면 이런 사람들은 그냥 포기하면 될까요? '그래, 예수 믿는 나는 인간이고, 복음을 거부한 너는 개, 돼지다. 지옥에 가든 말든!' 이렇게 정죄하라는 것이 말씀의 취지일까요? 그렇지 않습니다. 그것은 '비난(정죄)하지 말라.'는 주님의 가르침과도 맞지 않는 해석입니다. 그럼 어떻게 해석해야 할까요? 돼지에게는 진주 목걸이 대신, 돼지에게 맞는 쥐엄열매를 주어야 합니다. 그것이 배려입니다. 복음을 전할 때에는 상대에게 눈높이를 맞출 필요가 있습니다. 교회에서도 연령과 신앙경륜에 따라 수준별 교육을 하고 있습니다. 하물며 세상 사람들에게 복음을 전할 때에는 더 지혜로워야 합니다. 그들에게 <u>'거룩한 말'</u>이 통하지 않는다면, <u>'거룩한 삶'</u>으로 복음을 전해야 합니다. 250년간 박해받았던 초대교회의 성도들은 거룩한 삶으로 로마를 점령했습니다. 초기 한국 기독교 성도들은 거룩한 삶으로 이 땅을 변화시켰습니다. 토론으로, 변론으로, 싸움으로 안 됩니다. 거룩한 행실과 사랑의 실천 밖에는 없습니다.

기독교는
기도교(祈禱敎)

:
.

구하라 그리하면 너희에게 주실 것이요 찾으라 그리하면 찾아낼 것이요 문을 두드리라 그리하면 너희에게 열릴 것이니 구하는 이마다 받을 것이요 찾는 이는 찾아낼 것이요 두드리는 이에게는 열릴 것이니라 너희 중에 누가 아들이 떡을 달라 하는데 돌을 주며 생선을 달라 하는데 뱀을 줄 사람이 있겠느냐 너희가 악한 자라도 좋은 것으로 자식에게 줄 줄 알거든 하물며 하늘에 계신 너희 아버지께서 구하는 자에게 좋은 것으로 주시지 않겠느냐 (마 7:7-11).

지난 2008년 여름, 온 국민의 마음을 설레게 했던 여자가 있었습니다. 그 이름은 "장미란." 역기를 번쩍 들었다 놓고선 두 손을 꼭 모으고 기도하는 모습. 믿는 사람들에게나 믿지 않는 사람들에게나 감동을 줍니다. 베이징 올림픽 전에 장미란 선수 미니홈피를 보신 적이 있으신지요? 대문 사진에 한 소녀가 두 손을 모으고 다소곳이 앉아 기도하는 모습이 걸려 있었습니다. 그리고 그 밑에 마음을 깊이 파고드는 한 마디가 적혀 있었지요.

듣고 행하라 하신 산상수훈 …

내 작은 기도에 세상을 움직이시는 하나님.

며칠 후에, 올림픽 경기에서 '용상', '인상', '합계' 세계신기록을 3번 세우는 그 순간, 그녀도 울고 그 모습을 지켜보는 모든 국민이 함께 울었습니다. "내 작은 기도에 세상을 움직이시는 하나님." 그녀가 기도해 왔던 대로, 하나님께서는 장미란 선수를 통해 세계인의 마음을 감동시키셨습니다.

청년 시절 저는 앞이 깜깜했습니다. 아무 비전 없이 절망적인 시간이었습니다. 그런데 그 칠흑 같은 시절, 한줄기 빛이 되어 준 말씀이 있었습니다.

너는 내게 부르짖으라 내가 네게 응답하겠고 네가 알지 못하는 크고 은밀한 일을 네게 보이리라(렘 33:3).

그렇게 기도의 줄을 꼭 붙잡았을 때, 그것은 제 인생을 인도하신 하나님의 동아줄이 되었습니다. 기도는 위로부터 하나님의 능력이 임하는 통로입니다. 기도를 통해 '위'로부터 오는 힘을 받지 못한다면, 우리는 '주위'로부터 오는 힘에 굴복할 수밖에 없습니다. 우리는 기도를 통해 하나님의 힘으로 무장하고, 세상의 힘에 맞서 싸울 수 있는 용사들이 되어야 합니다.

기독교는 기도교(祈禱敎)입니다(7절)

시골에서 목회할 때 제비가 마루에 집을 지었습니다. 얼마 후에 알을 낳고 다섯 마리의 새끼가 부화했는데 어미가 부지런히 벌레를 잡아다

먹입니다. 순서대로 먹이는 것을 보면서 얼마나 신기했는지 모릅니다. 그런데 새끼들은 방금 받아먹고도 마치 자기는 안 먹은 양 '짹짹' 입을 벌리며 '또 달라!'고 보챕니다. 여러 날 자세히 보니 골고루 먹는 것이 아니라, 입을 가장 크게 벌리고 간절하게 보채는 새끼가 많이 받아 먹는 것을 알았습니다. 그 결과 다른 새끼들보다 건강하게 잘 성장하여 대를 이어가는 것을 보았습니다. 우리의 기도도 마찬가지입니다. 기도는 '영적 건강성의 지표'입니다. 기도를 통해 주시는 하나님의 은혜를 맛보아야 우리의 영혼은 건강해집니다. 그러므로 간절하게 구하고, 찾고, 두드려야 합니다.

기독교를 말하면서 '기도'를 빼 놓고는 말할 수 없습니다. 교회에 별명이 있죠. 예수님께서 "내 집은 만민의 기도하는 집"이라고 하셨습니다(막 11:17). 교회의 별명은 '기도하는 집'입니다. 그리고 성경에서 '기도하다', '간구하다', '부르짖다' 등 기도와 관련된 표현만 3,000번 이상 등장합니다. 즉 성경은 '기도에 대한 책'이기도 합니다. 이 세상에 기도가 필요 없는 단 한 사람이 있었다면 누구겠습니까? 예수님일 것입니다. 그런데 성경은 '예수님도 기도하셨다.'고 기록하고 있습니다(막 1:35). 그것도 '땀방울이 핏방울이 되도록' 주님은 기도하셨습니다(눅 22:44). 기독교는 '기도교新禱敎' 입니다.

구약에서 야곱의 '얍복 나루 씨름'은 참 인상 깊은 이야기입니다. 가족과 함께 귀향길에 오른 야곱은 '형님이 4백의 군사를 이끌고 달려온다.'는 소식을 듣고 두려워합니다. 꿈에 그리던 부모님을 뵙는 것은 고사하고, 형님에게 잡혀 죽을지도 모를 위기를 만납니다. 그런데 야곱은 위기만 만난 것이 아닙니다. 그 위기 가운데 찾아온 하나님의 천사를 만났습니다. 그리고 천사와 함께 씨름을 하면서, 야곱은 천사의 축복을 받습니다. 그런데 이상한 점이 있습니다. 좋은 말로 축복만 하면 되는데, 하나님은 야곱의 환도뼈(골반뼈)를 부러뜨리셨고, 그는 평생 다리를 절어야 했습니다. 하나님은 왜 그렇게 하셨을까요? 야곱이 씨름을 잘 해서 기분이 나쁘셨던 걸까요? 아닐 것입니다. 야곱은 그 이름의 뜻대로 '사기'치는데 도가 텄습니다. 아버지와 외삼촌 라반을 속이면서, 수틀리면 자기 두 다리로 몇백 킬로미터를 도망치던 인물이었습니다. 그런데 골반 뼈가 부러졌으니, 만약 형님이 자기를 죽이려고 덮치면 이제는 더 이상 도망칠 수 없는 신세가 되었습니다. 그렇다면 이제 누구를 의지할 수밖에 없습니까? 하나님은 야곱과의 씨름을 통해, 야곱을 하나님만 의지하는 사람으로 변화시키신 것입니다. 그렇습니다. 나를 의지하는 것이 아니라, 하나님을 의지하는 것이 진정한 복입니다.

우리는 두려움과 문제 앞에서 야곱처럼 하나님과 씨름해야 합니다. 두려움을 기도의 에너지로 바꿀 수 있어야 합니다. 우리가 즐겨 부르는 찬양도 이렇게 노래합니다.

그 두려움이 변하여 내 기도되었고,
전날에 한숨 변하여 내 노래되었네.
주님을 찬송하면서 할렐루야, 할렐루야,
내 앞길 멀고 험해도 나 주님만 따라가리.

믿는 자에게 문제란 없습니다. 다만 기도 제목이 있을 뿐입니다. 두려움이 기도로 전환될 때, 우리는 야곱이 만난 하나님을 만나게 될 것입니다. 하나님은 내게 '이스라엘, 너를 위해 싸우겠다.'고 말씀하시고, 나는 '브니엘, 하나님의 얼굴을 보았다.'고 화답하게 될 것입니다.

노력과 인내로 기도해야 합니다(8절).

　예수님께서는 우리에게 '구하라.'고 말씀하신 것만이 아니라 또한 '찾으라'고 말씀하십니다. 구하는 것으로 끝나지 말고, 찾아나서는 노력을 해야 합니다. 찾는 노력이 없는 기도는 사행심(射倖心)입니다. 도깨비 방망이는, 원하는 바람만 있지 그것을 이루기 위한 노력은 전혀 없습니다. 찾는 노력이 없는 기도는 도깨비 방망이 같은 허황된 꿈입니다. 내일이 시험인데, 학생이 공부하지 않고, 놀고 있습니다. 그래서 "너 뭐하는 거냐?"라고 물으니, "열심히 기도하고, 하나님께 다 맡겼습니다."라고 대답합니다. 하지만 그것은 하나님께 맡기는 것이 아니라 현실에 대한 도피입니다. 노력하지 않고 얻으려는 심보를 도둑놈의 심보라고 합니다. 하나님은 결코, 도둑놈을 만드는 하나님이 아닙니다.

　여러분은 기도를 해 보서서 다 아실 것입니다. 기도할 때 가장 어려운 것이 무엇입니까? 화려한 언어로 유창하게 기도하는 것입니까? 금식하며 기도하는 일이 어렵습니까? 장시간 기도하는 것이 어렵습니까? 이런 것들도 물론 어려울 수 있습니다. 그러나 우리의 경험상 가장 어려운 건, 그 기도가 응답될 때까지 기다리는 것, 곧 인내가 가장 어려운 것 같습니다. 본문 말씀도 인내의 중요성을 이야기해 주고 있습니다. 구하라, 찾으라 그리고 끝으로 두드리라. 두드리면 "문을 내가 열 것이다."라고 했습니까? 아닙니다. "너희에게 열린다."고 했습니다. 내가 문을 두드리면 안에서 주인이 열어 준다는 것이죠. 다시 말해서 '주인이 문을 열어 줄 그때까지 기다리라. 인내하라.'는 말씀입니다. 그래서 '인내는 기도의 완성이다.'라는 말도 있습니다. 우리는 살면서 많은 질문을 던지고 삽니다. 그런데 당장에 답이 없을지라도, 성실히 나의 일을 감당하면서 하나님을 잠잠히 기다릴 때, 내 인생의 물음표가 느낌표로 바뀌는 순간이 찾아옵니다.

> 내가 여호와를 기다리고 기다렸더니 귀를 기울이사 나의 부르짖음을 들으셨도다(시 40:1).

아버지께서 좋은 것으로 응답해 주십니다(9-11절)

하나님께서 여자는 특별히 더 복잡하게 만드셨습니다. 좋게 말해서 '정교하게' 만드셨습니다. 그런데 엄마가 되기만 하면 아주 단순해집니다. 자식에 대해 맹목적으로 헌신하고 맹목적으로 기대합니다. 그런데 이 단순한 모성애가 인간을 인간되게 하고 자녀들을 키우고 가정을 지켜온 위대한 능력이었습니다.

저희 어머니만 하더라도 돌아가실 때까지 "우리 막내는 뭐가 되어도 꼭 될 거야."라는 희망을 놓지 않으셨습니다. 그 근거가 뭐냐면 '태몽胎夢'이었습니다. 저를 임신하셨을 때, 시아버지가 나타나서 금지팡이를 주셨답니다. 이런 태몽 하나쯤 없는 사람이 어디 있겠습니까? 제가 서른둘에 어머니가 돌아가셨는데, 그때 제 상황은 신학대학원에 떨어지고 재수할 때였습니다. 아무것도 이룬 것이 없고 앞길이 캄캄했는데, 어머니는 태몽 하나 붙잡고 마지막 숨을 거두실 때까지 기도의 끈을 놓지 않으셨습니다. '하나님께서 좋은 길로 우리 아들을 인도하시리라.'는 믿음, 어머니의 그 믿음이 저를 키운 것이라고 생각합니다. 이와 같이 육신의 부모도 자식을 위해서는 희망을 포기하지 않고, 잘 될 것을 기대합니다. 하지만 모든 것을 이루어 주실 능력은 없습니다. 그러나 하나님은 전지전능하시며, 우리의 기도를 들으시고 가장 좋은 것으로 응답해 주시기를 기뻐하시는 아버지이십니다.

> 너희가 악한 자라도 좋은 것으로 자식에게 줄 줄 알거든 하물며 하늘에 계신 너희 아버지께서 구하는 자에게 좋은 것으로 주시지 않겠느냐(11절).

마지막으로 누가복음 평행본문을 살펴볼 필요가 있습니다. 누가복음 11장 13절은 성령의 선물을 강조합니다.

> 너희가 악할지라도 좋은 것을 자식에게 줄 줄 알거든 하물며 **너희 하늘 아버지께서 구하는 자에게 성령을 주시지 않겠느냐**(눅 11:13).

기도는 성령의 도화선입니다. 오순절 마가의 다락방에 성령의 권능이 임하기까지 주님의 제자들은 마음을 같이 하여 오로지 '기도'에 힘을 썼습니다(행 1:14). 기도를 통해 성령의 불이 마가의 다락방에 임했을 때, 두려워 숨었던 제자들의 은신처는 세상을 흔드는 영적 화약고가 되었습니다. 기독교는 기도교^{祈禱敎}입니다. 기도를 통해 각 가정에 성령의 불이 임하고, 각 가정이 세상에 거룩한 진동을 일으키는 영적 진원지가 되기를 간절히 바랍니다.

황금보다
빛나는 인생

⋮

그러므로 무엇이든지 남에게 대접을 받고자 하는 대로 너희도 남을 대접하라 이것이 율법이요 선지자니라(마 7:12).

세상이 점점 각박해지고 인심이 사나워지고 있습니다. 옛적에는 길 가던 나그네가 해가 떨어지면 가까운 마을로 들어갔습니다. 그리고 하룻밤 묵어 갈 수 있도록 청하면 "누추해서 어떡하나." 하면서 방을 내어 주곤 했습니다. 그런데 요즘은 어떻습니까? "하룻밤 묵어 갈 수 있겠느냐?"고 청하면 경찰에 '이상한 사람 왔다!'고 당장 신고할지도 모릅니다. 경제적으로는 열 배, 백 배 풍요해졌으나 정신적으로는 여유가 없고 남을 배려하거나 대접하는 범위가 훨씬 협소해졌습니다. 모임도 많고, 파티도 많고, 식당마다 사람이 넘쳐나지만, 모르는 사람, 낯선 사람에 대한 경계는 훨씬 매서워졌습니다.

    오늘 본문은 평범한 내용같이 보입니다. 그런데 생각할수록, 곱씹을수록 예사롭지 않습니다.

듣고 행하라 하신 산상수훈 ⋯

그러므로 무엇이든지 남에게 대접을 받고자 하는 대로 너희도 남을 대접하라 이것이 율법이요 선지자니라.

예수님 자신도 이 말씀 끝에 '율법이요, 선지자니라.'고 덧붙임으로 그 중요성을 강조하셨습니다. 그래서 훗날 이 말씀에 별명이 붙게 되었는데, 그것을 '황금률黃金律, The Golden Rule'이라고 합니다. 황금률은 '성경에 나와 있는 여러 규범 중에 가장 빛나는 계율'이라는 뜻입니다. 천국 시민의 실천규범을 제시하던 예수님께서 기독교 윤리의 핵심이자, 천국 시민의 가장 지고한 행동규범을 제시하신 것입니다.

기도의 결론은 이웃 사랑입니다(12a절).

본문 말씀을 독립된 내용으로 이해할 수도 있고, 앞의 내용과 연계해서 이해할 수도 있습니다. 저는 후자의 경우로 해석하려고 합니다. 왜냐하면 본문 말씀이 '그러므로'라는 접속사로 시작되기 때문입니다. 접속사는 이전의 내용과 앞으로 전개될 내용을 연결시켜 주는 역할을 합니다. 우리말 '그러므로'라고 번역된 헬라어 'οὖν運'은 앞선 내용을 토대로 '결론'을 내릴 때 등장하는 접속사입니다. 그렇기 때문에 본문 말씀을 앞의 내용과 별개의 것으로 다루기보다는 같은 맥락에서 이해하는 것이 합리적입니다.

예수님께서 앞서 언급하신 말씀은 '구하라, 찾으라, 두드리라, 하나님께서는 좋은 것으로 주시길 원하시는 아버지이시다.'라는 내용입니다. 이 기도의 가르침 끝에 예수님은 '그러므로'라는 접속사를 사용하시며 '너도 남을 대접하라.'는 결론을 내리십니다. 이를 종합적으로 판단하면, '우리의 기도는 개인적 차원에 머무는 것이 아니라, 이웃에 대한 배려와 사랑으로 이어져야 한다.'는 것입니다.* 이처럼 기독교의 영성은 수직적일뿐만 아니라 수평적이어야 합니다. 하나님과의 수직적인 관계와 이웃과의 수평적인 관계를 모두 아우르는 것이 온전한 영성입니다. 이웃을 돌보지 않은 채, 하나님께만 매달리는 것은 균형을 잃은 신앙입니다.

그가 우리를 위하여 목숨을 버리셨으니 우리가 이로써 사랑을 알고 우리도 형제들을 위하여 목숨을 버리는 것이 마땅하니라 누가 이 세상의 재물을 가지고 형제의 궁핍함을 보고도 도와 줄 마음을 닫으면 하나님의 사랑이 어찌 그 속에 거하겠느냐 자녀들아 우리가 말과 혀로만 사랑하지 말고 행함과 진실함으로 하자(요일 3:16-18).

요한 사도는 "말과 혀로만 사랑하지 말고 행함과 진실함으로 하자."고 권면합니다. 가난과 고통으로 신음하고 있는 사람들을 위해 기도한다고 말하지만, 정작 그들을 위해 아무 일도 하지 않는다면, 그것은 위선입니다. 사랑 없이 줄 수 있지만, 주지 않고는 사랑할 수 없습니다. 우리가 기도를 통해 받은 하나님의 은혜와 복은 내 이웃에게도 축복이 되어야 합니다. 그것이 기도의 결론이며, 온전한 영성입니다.

상대의 입장에 서서 생각해야 합니다(12b절).

요즘 세상은 갑(甲)과 을(乙)의 관계가 너무 심각합니다. 2013년에 어느

---

* 학자들 중에 12절 말씀을 산상수훈 전체에 대한 결론으로 해석하는 사람들도 있습니다. 그러나 산상수훈은 7장 27절까지 계속 이어지는데, 갑자기 12절에서 그 결론이 나온다는 것은 흐름상 어색합니다. 따라서 12절 말씀은 산상수훈 전체의 결론이라기보다는 앞선 '기도'에 대한 결론으로 해석하거나, 조금 더 넓게 생각해서 5장 1절-7장 11절의 결론으로 이해하는 것이 바람직합니다.

회사 영업직원이 대리점주에게 쏟아 부은 폭언과 비행이 언론에 보도되면서, 소위 '갑의 횡포'가 사회적 문제로 대두되었습니다. 이후 '갑질'이라는 신조어가 등장하여 지금도 계속 회자될 만큼, 아직도 우리 사회 곳곳에서는 갑의 횡포가 끊이지 않고 있습니다. 얼마 전에는 어느 대기업의 임원이 하청업체로부터 매달 천만 원씩 뇌물을 받아온 사건이 뉴스에 보도되었습니다. 그 임원의 집에는 뇌물로 받은 각종 보석과 명품이 가득 쌓여 있었습니다. '이와 같은 일이 왜 끊이지 않을까?'라는 의문이 듭니다. 그것은 입장을 바꿔 생각할 줄 모르기 때문입니다. 을의 입장을 한번만 생각했어도 그런 '갑질'은 하지 않았을 것입니다. 어릴 때 읽은 이솝우화 중에 "여우와 두루미"라는 이야기가 생각납니다.

옛날 아주 먼 옛날, 동물나라에 여우와 두루미가 살고 있었습니다. 두루미는 지혜롭고 박식하여 다른 동물들에게 인기가 높았습니다. 이것을 시기한 여우가 두루미를 골탕 먹이려고 꾀를 내었습니다. 두루미에게 초청장을 보내 식사에 초대했습니다. 두루미가 선물을 가지고 여우의 집을 방문했습니다. 여우가 맛있는 완두콩 스프를 접시에 담아내 왔습니다.
"맛있게 잡수십시오."
두루미는 난감했습니다. 긴 부리로 접시만 두드릴 뿐 도저히 먹을 방법이 없었습니다. 반면에 여우는 접시를 핥아 가면서 냠냠 쩝쩝 맛있게 먹었습니다. 그러더니 두루미를 보면서 "완두콩 스프를 싫어하시는군요. 죄송합니다." 하면서 두루미의 접시까지도 다 비워 버렸습니다. 두루미는 시치미를 떼면서 "속이 좋지 않아 그렇습니다." 하고 돌아왔습니다.
그리고 며칠 후에 여우에게 초청장을 보냈습니다. 여우가 두루미의 집을 방문했습니다. 맛있는 생선 요리 냄새가 코를 자극했습니다. 드디어 두루미와 여우가 식탁에 마주 앉았습니다. 맛있는 생선요리가 나왔는데, 주둥이가 긴 병에 담겨 있었습니다. 두루미는 긴 부리를 병에 집어넣고 맛있게 먹으면서 여우에게 말했습니다.
"생선을 싫어하십니까?"
"아닙니다. 속이 별로 좋지 않아 그렇습니다."
여우는 자신이 전에 했던 짓이 부끄러워 얼굴이 빨개졌습니다.

우리는 이렇게 상대방에 대한 배려 없이 자신의 입장만 내세우고 있지는 않은지 돌이켜 보아야 합니다.
우리가 잘 아는 대로, '이해하다'는 영어로 'understand[언더스탠드]'라고 합니다. 이 단어는 두 말이 합해진 단어입니다.

'under(밑에) + stand(서다) = 이해하다'

결국 남을 이해한다는 것은 '남의 밑에 서 본다.'는 뜻입니다. 사람이 항상 갑일 수만은 없습니다. 언젠가는 을이 될 수도 있습니다. 또 지금은 갑의 위치에 있으나 이전에는 을의 위치였던 시절도 있었을 것입니다. "개구리가 올챙이 적 생각 못한다."는 속담이 있듯이 우리는 '올챙이 적 시절'을 기억할 줄 알아야 합니다. 그래야 약한 사람을 배려하고 이해할 수 있는 인격을 갖추게 될 것입니다.
이러한 문구를 보신 적이 있으신지요? '이기적인 나를 바꾼 이, 기적이 바로 사랑이다.' 하나님의 사랑이 내 안에 거한다면, 나는 결코 이기적일 수 없습니다. 앞서 요한 사도는 이렇게 말씀하였습니다.

> 누가 이 세상의 재물을 가지고 형제의 궁핍함을 보고도 도와 줄 마음을 닫으면 하나님의 사랑이 어찌 그 속에 거하겠느냐?(요일 3:17)

내가 대접을 받고 싶은 만큼 남도 대접을 받고 싶어 합니다. 상대의 입장에 서서, 그 사람의 처지를 헤아리고, 그의 필요를 채워 줄 수 있는 넉넉한 신앙인이 되기를 바랍니다.

> 남에게 대접을 받고자 하는 대로 너희도 남을 대접하라.

말씀의 핵심 원리를 깨달은 성도는 대접해야 합니다(12c절)

논어의 안연편顔淵篇을 보면 중궁仲弓이 공자孔子에게 '인仁'에 대해 물었습니다. 이에 대한 공자의 대답을 요약하면, "己所不欲, 勿施於人[기소불욕, 물시어인]"입니다.

己所不欲, 勿施於人
(네 자신에게 일어나길 원치 아니하는 것은 다른 사람에게도 행하지 말라.)

이 말은 "남에게 대접을 받고자 하는 대로 너희도 남을 대접하라."는 예수님의 말씀과도 일맥상통한다고 볼 수 있습니다. 그러나 공자의 가르침은 소극적이고 부정적인데 반해 예수님의 말씀은 적극적이라는 점에서 차이가 납니다. 사실 동서고금을 막론하고, 이런 소극적 차원의 가르침은 많이 있습니다.

네가 남에게 당하고 싶지 않은 일은 남에게 행치 말라.
—구약외경 토비트 4:15

네 자신에게 싫은 것은 아무에게도 하지 말아라. 그것이 율법의 전부요 나머지는 해설에 불과하다. 가서 배우라.
—바리새파 지도자 힐렐

다른 사람에 의해 네가 노하게 되는 일은 너도 남에게 하지 말아라.
—니코클레스 왕

네가 당하기를 원치 않는 고통은 다른 사람에게도 주지 말아라.
—에픽테투스

너에게 일어나기를 원치 아니하는 것은 다른 아무에게도 행치 말아라.
—스토아 학파

이런 가르침들과는 달리, 예수님의 황금률은 '남을 위해 헌신하라.'는 보다 적극적인 교훈입니다. 잘못된 것을 하지 않는 '금지禁止'의 차원을 넘어서, 적극적으로 사랑을 베풀라는 '실행實行'의 차원입니다. 그러므로 예수님의 제자들은 악惡을 행하지 않는 것으로 만족할 것이 아니라 선善을 행하는 것에서 기쁨을 찾아야 합니다. 사람은 누구나 사랑을 받고 싶어 합니다. 심지어 '여자는 사랑을 먹고 산다.'고까지 말하지 않습니까. 여자만 그럴까요? 남녀노소 누구나 사랑받고 대접받기를 원합니다. 그러므로 우리는 서로 사랑해야 합니다.

새 계명을 너희에게 주노니 서로 사랑하라 내가 너희를 사랑한 것 같이 너희도 서로 사랑하라 너희가 서로 사랑하면 이로써 모든 사람이 너희가 내 제자인 줄 알리라(요 13:34-35).

이러한 '사랑의 실천'은 선택사항이 아닙니다. 예수님께서는 그것이 '율법과 선지자'라고 말씀하셨습니다. 이 말씀은 무슨 뜻일까요? 구약성경은 율법서(모세오경)로 시작하여 선지서(말라기)로 끝이 납니다. 따라서 '율법과 선지자'라는 것은 구약성경 전체를 아우르는 관용적 표현입니다. 결국 12절 말씀은 '사랑의 실천'이 구약의 핵심 곧 성경의 핵심이라는 뜻입니다(cf. 마 22:37-40. 예수님 시대에는 아직 신약성경이 기록되기 전입니다. 다시 말해서 '구약이 곧 성경'이었습니다). 우리는 사랑의 실천을 통해 성경의 정신을 살아 내야 합니다. 그것은 선택사항이 아닌 성도의 의무입니다. 그래서 성경은 교회의 일꾼을 뽑을 때도 '대접을 잘하는 사람이어야 한다.'는 조항을 명시하고 있습니다.

> 선한 행실의 증거가 있어 혹은 자녀를 양육하며 혹은 나그네를 대접하며 혹은 성도들의 발을 씻으며 혹은 환난 당한 자들을 구제하며 혹은 모든 선한 일을 행한 자라야 할 것이요(딤전 5:10).

자신이 대접받기를 원하듯이 남을 대접하고, 자신이 용서받기를 원하듯이 용서하고, 자기가 도움을 받고 싶은 대로 남을 도와주고, 자기가 칭찬을 받고 싶은 대로 남을 칭찬하고, 자기가 이해를 받고 싶은 대로 남을 이해하는 삶을 실천할 때, 우리는 말씀을 삶으로 살아 내는 진정한 제자가 될 것입니다.

> **참고**
>
> 유대인들이 보는 성경과 우리가 보는 구약성경은 '내용'이 같습니다. 다만 그 '순서'에 차이가 있습니다. 유대인들의 성경은 'תנך[타나크]'라고 부르며 그 순서는 '모세오경(율법서)-선지서-성문서'입니다. 여기서 성문서의 마지막은 역대기(歷代記)입니다. 그러므로 모세오경으로 시작하는 것은 기독교 구약성경과 유대인들의 성경이 같습니다. 그러나 유대인들의 성경은 역대기로 끝나는 반면, 기독교 구약성경은 선지서(말라기)로 끝납니다.
>
> 기독교 구약성경의 이러한 순서는 칠십인역(七十人譯, septuagint)의 영향을 받은 것입니다. 칠십인역은 BC 3-1세기에 걸쳐 히브리어 성서를 그리스어로 번역한 것입니다. 우리가 알다시피, 신약성경은 히브리어가 아닌 그리스어로 기록되었습니다. 그리스어에 익숙한 AD 1세기 신약성경 저자들은 구약을 인용할 때에 칠십인역을 많이 참고했습니다. 칠십인역은 율법서(모세오경)로 시작하여 선지서로 끝납니다. 따라서 '율법과 선지자들(ὁ νόμος καὶ οἱ προφῆται)'이란 표현으로 구약을 언급한 것은 칠십인역의 순서를 반영한 것으로 볼 수 있습니다.

생명의 길

⋮

좁은 문으로 들어가라 멸망으로 인도하는 문은 크고 그 길이 넓어 그리로 들어가는 자가 많고 생명으로 인도하는 문은 좁고 길이 협착하여 찾는 자가 적음이라(마 7:13-14).

동서고금을 막론하고 사람들은 '이상향理想鄕'에 대한 동경이 있습니다. 이상향의 사전적인 뜻은 '인간이 생각할 수 있는 최선의 상태를 갖춘 완벽한 세상'입니다. 소설과 신화 속에 등장하는 대표적인 이상향들은 다음과 같습니다.

　유토피아 - 영국의 토머스 모어가 쓴 소설에 나오는 세상
　샹그릴라 - 제임스 힐튼이 쓴 '잃어버린 지평선'에 나오는 지상낙원
　엘도라도 - 황금이 널려 있는 아메리카의 이상향
　무릉도원 - 도연명의 '도화원기'에 나오는 가상의 세계

그런데 소설에 나오는 이상향을 보면 공통점이 있습니다. 좁은 동굴

을 통과했더니 갑자기 새로운 별천지가 나타나는 것으로 그려집니다. 예수님께서 말씀하신 생명으로 인도하는 '좁은 문,' '좁은 길'과 비슷한 이미지입니다. 그러나 기독교에서 말하는 천국天國은 단지 살기 좋은 '공간'을 말하는 것이 아닙니다. 이 책의 서두에서 언급한 바와 같이, 천국天國의 본질은 '공간'이 아니라 '하나님의 통치'입니다. 화려한 건물 때문에 왕궁이 되는 것이 아니라 왕이 있기 때문에 허름한 건물도 왕궁이 되는 이치입니다. 왕궁의 본질이 왕의 존재인 것처럼, 천국의 본질은 하나님의 임재와 그분의 통치입니다. 그래서 우리는 좁은 길이라 할지라도 하나님과 함께 동행하며, 하나님 나라를 이 땅에서 이루어 갈 수 있습니다.

진리는 포장하지 않습니다(13절)

여러분은 비포장 시골 길과 8차선 고속도로 중에 어떤 길이 좋습니까? 편하고 화통한 걸 좋아하시는 분은 고속도로를 선택하실 것이고, 시골의 정취와 낭만을 좋아하시는 분은 시골 길을 선택하실 것입니다. 사실, '어떤 길이 좋은가?'라고 묻는다면, 거기엔 정답이 없습니다. 어떤 길이든 좋아할 수 있습니다. 그러나 '어떤 길이 바른 길인가?'라고 묻는다면, 답이 달라집니다. 길에서 가장 중요한 것은 그 길이 '목적지'에 닿아 있느냐 하는 것입니다. 목적지에 닿아 있지 않으면 아무리 번듯해도 내게 바른 길, 옳은 길이 될 수 없습니다. 본문 말씀은 '길의 상태'에 대한 이야기를 하는 게 아니라, '길의 목적지'에 대한 이야기를 합니다. "멸망으로 인도하는 문은 크고 그 길이 넓지만, 생명으로 인도하는 문은 좁고 길이 협착하다." 사람들은 '길의 상태'를 보지만, 예수님께서는 '길의 목적지'를 보아야 한다고 말씀하십니다.

기왕이면 생명의 길, 진리의 길이 넓고 평탄하면 좋을 것 같습니다. 선물이 포장지도 좋고, 내용물도 알차면 금상첨화일 것입니다. 그러나 진리는 포장하지 않습니다. 포장하지 않기에 때로는 불편하고 어렵습니다. 그래서 8차선 포장길이 아닌, 비포장 오솔길을 걷는 것처럼 불편하게 느껴질 수 있습니다. 본문에서 '협착하다'로 번역된 헬라어 'θλίβω[들리보]'는 기본적으로 '억압하다', '박해하다'는 뜻입니다. 진리는 고난의 길, 박해의 길입니다. 그렇기 때문에, 예수를 믿는 삶에 고난이 없다면, 스스로 되물어 보아야 합니다. '내가 지금 옳은 길을 걷고 있는가?' 전쟁에서는 아군이 아닌 상대를 공격합니다. 내가 예수의 편, 진리의 편, 생명의 편에 섰다면, 당연히 사탄과 세상으로부터 공격을 받을 수밖에 없습니다.

그러므로 기독교의 역사는 박해의 역사였습니다. 초대교회는 로마제국으로부터 약 250년간 박해를 받습니다. 그 기나긴 박해를 종식시킨 콘스탄티누스 황제는 '니케아 공의회^{Concilium Nicaenum Primum, AD 325년}'를 소집하였습니다. 그때 모인 기독교 지도자는 총 318명이었습니다. 그런데 모인 사람의 대부분이 한쪽 눈이 없거나, 한쪽 손이 잘린 사람, 한쪽 다리가 못 쓰게 되어서 절룩거리는 사람들이었습니다. 신앙 때문에 고문을 받아 크고 작은 장애를 갖게 된 자들은 318명 가운데 306명이었습니다. 두 눈과 두 손을 다 갖고, 두 다리로 걷는 사람은 모두 12명밖에 없었습니다. 단지 예수님을 믿는다는 이유만으로 모진 고문과 고난을 견뎌내야 했던 사람들입니다. 예수 믿는 길에는 박해가 따르지만, 박해는 복음보다 강하지 않습니다. 20세기의 탁월한 설교자 A. W. 토저(1897-1963)는 다음과 같은 말을 남겼습니다.

기독교 역사를 보면, 교회는 언제나 빈곤함이 아닌 번영 때문에 약해지고 배교했다. 교회가 영적으로 가장 권능이 있던 때는 빈곤하고, 박해받았던 때와 일치한다.

생명이 있다는 것은 저항하는 것입니다. 생명이 없는 물고기는 물살에 떠내려가지만, 생명이 있는 물고기는 그 물살에 저항할 수 있는 능력이 있습니다. 진리의 길에는 고난이 있습니다. 그래서 결코 쉽지 않습니다. 그러나 우리에겐 <u>고난을 이겨 낼 능력, 예수의 생명</u>이 있습니다.

진리는 다수결이 아닙니다(14절)

세상에서 똑똑하다는 사람들이 모인 곳이 어디입니까? 미국의 하버드대학이나 우리나라의 서울대학교를 꼽을 수 있을 것입니다. 하버드대학과 서울대학교의 교표(校標)에는 공통점이 있습니다. 하버드대학의 교표에는 "Veritas[베리타스]"가, 서울대학교의 교표에는 "Veritas Lux Mea[베리타스 룩스 메아]"가 적혀 있습니다. 'Veritas[베리타스]'는 라틴어로 '진리(眞理)'라는 뜻이고, 'Veritas Lux Mea[베리타스 룩스 메아]'는 '진리는 나의 빛'이란 의미입니다. 세계 명문대학들의 모토(motto)에는 이렇게 '진리'라는 표현이 자주 등장합니다.

그렇다면 진리가 무엇입니까? 많은 사람이 "이게 바로 진리야!"라고 우기면 그것이 진리가 되는 건가요? 예를 들어서 '2+3'의 답은 '5'입니다. 그런데 '2+3'이 '8'이라고 주장하는 사람들이 많아지기 시작했다고 가정해 봅시다. 결국 정부에서 '2+3'의 답이 '5'인지 '8'인지를 묻는 국민투표를 시행했습니다. 그런데 뜻밖에도 '2+3'은 '8'이라는 답에 투표한 사람들이 압도적으로 많았습니다. 그렇다고 한다면, 이제 일선 학교들에서는 '2 + 3'이 '8'이라고 가르쳐야 합니까? 그렇지 않습니다. 온 국민이 '2 + 3'은 '8'이라고 우겨도, 그것은 올바른 답이 될 수 없습니다. 다시 말해서 <u>진리는 다수결이 아닙니다.</u> 많은 사람들이 우긴다고 해서 사람들 마음대로 변한다면 그건 진리가 아닌 것입니다. 예수님께서 말씀하셨습니다. "멸망으로 인도하는 길로는 들어가는 자가 많고, 생명으로 인도하는 길은 찾는 자가 적다." 많은 사람이 선택한다고 해서 멸망의 길이 생명의 길로 둔갑할 수 없는 노릇입니다. 그래서 진리는 근본적으로 배타적입니다. 숫자 앞에서 굴복하거나 타협하지 않습니다.

2012년 영국 런던 올림픽 개막식 영상에 등장한 '에릭 리델Eric Liddell'이라는 역사적 인물이 있습니다. 독실한 기독교인인 리델은 과학을 전공하는 22살의 청년이면서 스코틀랜드에서 가장 빨리 달리는 사람이었습니다. 마침내 그는 1924년 파리 올림픽에 영국 대표로 출전하게 됩니다. 참가 종목은 100m 달리기. 올림픽 육상 종목 중에 가장 인기가 많은 종목입니다. 그런데 도버해협을 건너는 선상船上에서 100m 경주는 일요일에 있을 예정이라고 발표가 납니다. 이에 리델은 '나는 올림픽에 참가하지 않겠다.'고 공식 선언합니다. 영국 내 여론이 들끓기 시작했습니다.

"당신의 현재 기록이라면 금메달을 딸 수 있는데, 왜 나라를 위해 뛰지 않는가?!"

리델의 대답은 단호했습니다.

"나는 주일에는 뛰지 않습니다."

금메달을 포기한 것만이 아니라 '민족의 역적,' '미치광이 크리스천'이라는 오명까지 쓰게 되었습니다. 그러면서도 리델은 다짐했습니다.

"잘 달릴 수 있는 다리를 주신 분이 하나님이신데, 내가 어찌 주님을 버리고 금메달을 위해 달릴 수 있겠는가!" 그러던 와중에 200m와

400m에 참가하기로 한 친구 하나가 올림픽 위원회에 건의를 했습니다.

"나는 200m에만 참가할 테니까 대신 리델은 400m 경기에 출전하게 해 주십시오."

그래서 리델은 주력 종목은 아니지만, 400m 경기에 참가합니다. 400m 경기에는 당시에 독보적인 미국 선수가 있었기 때문에 사람들은 리델에게 큰 기대를 하지 않았습니다. 신호가 땅! 울리면서 경기가 시작됐는데, 리델의 마음에 하나님의 말씀이 주마등처럼 지나갔습니다.

오직 여호와를 앙망하는 자는 새 힘을 얻으리니 독수리가 날개치며 올라감 같을 것이요 달음박질하여도 곤비하지 아니하겠고 걸어가도 피곤하지 아니하리로다(사 40:31).

그러면서 고개를 뒤로 젖히고 하늘을 바라보면서 뛰었습니다.

"하나님. 당신께 영광 돌리기 원합니다."

그러더니 미국 선수를 5m 차이로 누르고 400m 경기에서 우승을 차지했습니다. 더구나 47.6초라는 세계신기록까지 세우는 놀라운 일이 벌어졌습니다. 전날까지도 '민족의 반역자,' '미치광이 크리스천'이라고 비난하던 언론도 이제는 '민족의 영웅,' '진정한 크리스천의 승리'라는 제하의 기사를 쏟아 내기 시작했습니다. 이 사람의 이야기는 영화 "불의 전차 the Chariot of Fire"로도 만들어졌고, 지금까지 영국인들과 세계 기독교인들의 가슴에 은혜의 감동을 전해 주고 있습니다. 진리는 다수 앞에 굴복하지 않습니다.

듣고 행하라 하신 산상수훈 …

천만인이 나를 에워싸 진 친다 하여도 나는 두려워하지 아니하리이다
(시 3:6).

목적지는 생명입니다(13a절)

앞서 말씀드린 바와 같이 예수님의 말씀은 '길의 상태'에 대한 것이 아니라 '길의 목적지'에 대한 것입니다. 그 길의 목적지가 '생명'에 닿아 있어야 그것은 옳은 길이 될 수 있습니다. 그렇기 때문에 바른 선택을 위해선, 길의 목적지를 보아야 합니다. 미국의 시인詩人 메리 가디너 브레이너드(1837-1905)는 "빛 속에 홀로 가기보다는 차라리 어둠 속에서 하나님과 동행하겠다."는 명언을 남겼습니다. 화려하고 멋진 길이 아닌, 좁고 어둡게 느껴질지라도 하나님과 동행하는 생명의 길이 진정으로 바른 길입니다.

요즘 자녀들 교육이 여간 어려운 일이 아닙니다. 학교 수업을 잘 따라가는 것도 쉽지 않은데, 여러 가지 과외활동을 시킵니다. 저 역시 비싼 등록금 내면서 정작 영어는 아직도 못 깨닫고, 인수분해는 중도에 산산분해되고 말았습니다. 그런데 묘한 것은 사람들은 가르쳐 주지 않아도 나쁜 것은 빨리 배웁니다. 유치원에 들어간 아이들이 제일 빨리 배우는 것이 무엇일까요? 글과 그림, 노래와 춤이 아니라 '욕'부터 배웁니다. 선생님이 욕을 가르쳐 준 적이 없습니다. 저절로 배웁니다. 성장 과정에서 사람이 좋은 습관과 공부를 배우는 데는 엄청난 비용을 지불하면서도 만족할 만한 결과를 얻지 못하는 경우가 많습니다. 그런데 묘하게 술, 담배, 노름, 오락 이런 것들은 초특급으로 배웁니다. 저의 경우만 보아도, 노름을 초등학교 6학년 때 배웠습니다. 그래서 중3때까지 숨어 다니며 '앉았다 섰다'를 했습니다. 담배는 중2때 배워서 고1때 끊었습니

다. 술은 중2때 배워서 전도사 때 끊었습니다. 그래서 남자들을 조금 이해합니다. 그 느낌 아니까.

그런데 술, 담배, 노름, 오락 이런 것에 생명이 있습니까? 이런 것들이 생명으로 인도하지 않습니다. 이런 곳에서 생명도, 진리도, 능력도 찾을 수 없습니다. 복음 안에, 예배 안에, 말씀 안에 생명이 있고 능력이 있습니다. 우리는 예수님의 은혜로 '생명'을 갖게 되었습니다. 그렇다면, 우리만 생명의 길로 가면 끝일까요? <u>멸망의 길로 가는 사람들을 향해 우리는 외칠 수 있어야 합니다.</u>

다음과 같은 작자 미상의 글이 있습니다.

세월호의 비극은 죽음을 피할 길을 알고 있던 자들의 침묵 때문이었다. 죽음을 피할 길을 아는 자의 침묵은 죄악이다.

우리는 죽음을 피할 길을 알고 있습니다. 그렇다면 그곳에 있는 자들을 향해 외쳐야 합니다.

결론은 행함입니다

⋮

거짓 선지자들을 삼가라 양의 옷을 입고 너희에게 나아오나 속에는 노략질하는 이리라 그들의 열매로 그들을 알지니 가시나무에서 포도를, 또는 엉겅퀴에서 무화과를 따겠느냐 이와 같이 좋은 나무마다 아름다운 열매를 맺고 못된 나무가 나쁜 열매를 맺나니 좋은 나무가 나쁜 열매를 맺을 수 없고 못된 나무가 아름다운 열매를 맺을 수 없느니라 아름다운 열매를 맺지 아니하는 나무마다 찍혀 불에 던져지느니라 이러므로 그들의 열매로 그들을 알리라 나더러 주여 주여 하는 자마다 다 천국에 들어갈 것이 아니요 다만 하늘에 계신 내 아버지의 뜻대로 행하는 자라야 들어가리라 그 날에 많은 사람이 나더러 이르되 주여 주여 우리가 주의 이름으로 선지자 노릇 하며 주의 이름으로 귀신을 쫓아 내며 주의 이름으로 많은 권능을 행하지 아니하였나이까 하리니 그 때에 내가 그들에게 밝히 말하되 내가 너희를 도무지 알지 못하니 불법을 행하는 자들아 내게서 떠나가라 하리라 그러므로 누구든지 나의 이 말을 듣고 행하는 자는 그 집을 반석 위에 지은 지혜로운 사람 같으리니 비가 내리고 창수가 나고 바람이 불어 그 집에 부딪치되 무너지지 아니하나니 이는 주추를 반석 위에 놓은 까닭이요 나의 이 말을 듣고 행하지 아니하는 자는 그 집을 모래 위에 지은 어리석은 사람 같으리니 비가 내리고 창수가 나고 바람이 불어 그 집에 부딪치매 무너져 그 무너짐이 심하니라 예수께서 이 말씀을 마치시매 무리들이 그의 가르치심에 놀라니 이는 그 가르치시는 것이 권위 있는 자와 같고 그들의 서기관들과 같지 아니함일러라(마 7:15-29).

이제 산상수훈의 결론을 맺는 시간입니다. 그동안 저는 산상수훈의 말씀을 너무 좋아하면서도, 넘을 수 없는 높은 산과 같은 두려움 때문에 망설였습니다. 용기를 내어 산상수훈 설교를 시작하면서 크고, 넓고, 높고, 오묘한 예수님의 가르침을 해석하는 것이 결코 녹록치 않았습니다. 설교를 하면서 실제로 3차 신경통이 왔고, 급히 치료를 받고 다시 강단에 서야 할 때도 있었습니다. 그런데 마지막 설교를 준비하면서 결론이 의외로 단순한 것임을 깨달았습니다. 본문을 묵상하면서, 가장 빈번하게 등장하는 단어를 발견했기 때문입니다. 전에는 수없이 읽어도 눈에 들어오지 않았던 단어들이 크게 보이고 뚜렷하게 보였습니다. 그것이 바로 이것입니다.

열매(καρπός)를 맺는다 : 7회

행하다(ποιέω)　　　 : 5회

이 말씀을 묵상하면서 "하나님의 나라는 말에 있지 아니하고 오직 능력에 있음이라(고전 4:20)."는 말씀이 생각났습니다. '말'로만 떡을 하면 오천만이 굶어 죽습니다. 야고보 사도는 이렇게 말씀합니다.

> 만일 형제나 자매가 헐벗고 일용할 양식이 없는데 너희 중에 누구든지 그에게 이르되 평안히 가라, 덥게 하라, 배부르게 하라 하며 그 몸에 쓸 것을 주지 아니하면 무슨 유익이 있으리요(약 2:15-16).

이렇게 말만 하고 행함이 없는 믿음은 죽은 믿음입니다(약 2:17).

몇 년 전에, '션'이라는 가수를 교회에 초청해서 간증을 들었습니다. 처음에는 간증을 들으면서 귀가 간지럽고 온 몸에 두드러기가 돋는 기분이었습니다. 세상에서 가장 예쁜 여자와 결혼했다는 둥, 프로포즈를 어떻게 했다는 이야기하며, 결혼 후에 했던 각종 이벤트에 얽힌 사연 등, 전혀 제 스타일이 아닌지라 듣는데 손발이 오글거렸습니다. 그러다가 부부가 번 돈으로 해외의 가난한 아이들을 100명 후원하고, 200명으로 늘리고, 300명으로 늘리고, 지금은 800명 이상을 후원하고 있다는 이야기를 들으면서 머리가 저절로 숙여졌습니다. 한 명에 3만 원 잡고 800명이면 월 2,400만 원입니다. 한 달에 2,400만 원을 후원하기 위해 집도 사지 않고 전세로 살면서 온전히 후원에 '올인'하는 그가 존경스러웠습니다. 아프리카, 북한 등 가난한 나라의 어린이들을 위해 남편은 노래와 간증으로 벌어들인 수입을 온전히 기부하고, 아내는 드라마에 출연해서 받은 출연료 전부를 기부하며 살아갑니다. 이런 사람들이야 말로 진정한 하나님의 사람들입니다. <u>우리 삶 속에서도 '사랑'이라는 명사가 동사로 변화되기를 바랍니다.</u> 예수님의 산상수훈은 단순한 지식이 아닙니다. 성령의 열매로 풍성히 맺어지는 능력의 말씀이 되어야 합니다.

아름다운 열매를 맺어야 합니다(15-20절)

본문 말씀은 '거짓 선지자를 조심하라.'는 내용으로 시작합니다. 참 선지자는 '하나님의' 말씀을 받아 '하나님의' 권위를 힘입어 '하나님의' 말씀을 전하는 사명자들입니다. 그러나 거짓 선지자는 하나님의 권위를 빙자(憑藉)하여 거짓을 말하며 자신의 욕심을 채우는 자들입니다. 이런 자들은 구약시대나 신약시대에도 있었고, 지금만이 아니라 세상 끝 날까지도 존재할 것입니다. 따라서 성도들은 거짓된 유혹에 넘어가지 않도록 조심해야 합니다. 예수님께서는 거짓 선지자들을 '양의 옷을 입은 이리'라고 표현하셨습니다(15절). 그만큼 거짓 선지자는 위장술의 천재라는 것입니다. 그래서 양들이 그의 달콤한 속임수에 속기 쉽습니다. 여러분은 거짓 선지자를 보신 적이 있으신지요.

대게 도시에서 태어나 자란 사람들은 꽃이나 나무, 곤충 등을 잘 모릅니다. 그런 사람들에게 나무를 하나 보여 주고서, 이것이 어떤 나무인지 묻는다면 아마 당황스러울 것입니다. 비전문가의 눈에 나무들의 모습은 다 거기서 거기인 것 같기 때문입니다. 그런데 열매가 달린 나무를 보여 주면 문제는 훨씬 쉬워집니다. 나무는 본 적이 없어도, 열매는 알기 때문입니다. 사과가 달려 있으면 사과나무이고, 배가 달려 있으면 배나무입니다.

그래서 예수님은 참 선지자와 거짓 선지자의 기준이 '열매'라고 가르쳐 주셨습니다. 나쁜 나무에서 좋은 열매를 기대할 수 없듯이 거짓 선지자들은 거룩함과 성결의 열매를 맺을 수 없기 때문입니다. <u>열매는 맺혀지기까지 시간이 필요합니다.</u> 그러므로 가르침이 훌륭하고 그럴듯하게 들린다 할지라도 <u>우리는 시간을 두고 분별해야 합니다.</u> 그러면 머지않아 그들의 진실을 알게 될 것입니다.

또한 우리들도 거짓 선지자가 될 수 있습니다. 나쁜 열매를 맺으면 누구나 그렇게 되는 것입니다. 주님은 우리들이 아름다운 열매 맺기를 원하십니다. 우리는 예수님께 접붙임 받은 가지들입니다. 따라서 예수님의 진액이 배어 나오는 열매를 맺어야 합니다.

> 오직 성령의 열매는 사랑과 희락과 화평과 오래 참음과 자비와 양선과 충성과 온유와 절제니 이같은 것을 금지할 법이 없느니라(갈 5:22-23).

우리가 성령의 열매를 맺는다는 것은 '예수의 생명이 우리 안에 흐르고 있다는 증거'입니다. 하나님은 '꽃'을 보고 우리를 평가하지 않으십니다. '열매'로 평가하십니다.

하나님의 뜻대로 행해야 합니다(21-23절)

예수님은 계속해서 거짓 선지자들에 대한 경고의 말씀을 이어 가십니다. 처음부터 거짓을 휘감은 '이리'라면 그나마 최후 심판을 받을 때 덜 억울할지도 모르겠습니다. 그런데 신앙생활을 열심히 한다고 했는데도 거짓 선지자로 판명된다면 정말 억울할 것입니다. 그런 경우가 본문 말씀에 나타납니다.

> 나더러 주여 주여 하는 자마다 다 천국에 들어갈 것이 아니요 다만 하늘에 계신 내 아버지의 뜻대로 행하는 자라야 들어가리라 그 날에 많은 사람이 나더러 이르되 주여 주여 우리가 주의 이름으로 선지자 노릇 하며 주의 이름으로 귀신을 쫓아 내며 주의 이름으로 많은 권능을 행하지 아니하였나이까 하리니 그 때에 내가 그들에게 밝히 말하되 내가 너희를 도무지 알지 못하니 불법을 행하는 자들아 내게서 떠나가라 하리라(21-23절).

이들은 예수님을 '주님'이라 부르며 열심히 신앙생활을 했습니다. 교회에 큰 공적도 세우고 능력 있게 많은 일을 했으나, 결국 거짓 선지자로 낙인찍히고 말았습니다. 왜 그랬을까요? 이들은 '하나님의 법'이 아닌 '불법'을 행한 자들이었습니다. 하나님의 기준은 '능력'이 아니라 '하나님의 뜻'을 행하는 것입니다.

통일교 문선명을 생각해 보십시오. 한국에서 시작하여 일본과 미국 등에서도 많은 신자를 얻고, 얼마나 능력을 행했습니까? 그러나 결국 자기 배만 채우고 말았습니다. 전도관 박태선을 생각해 보십시오. 초기에 얼마나 큰 능력을 행했습니까? 남산집회 때, 목발을 짚고 왔던 환자들이 치유를 받은 후, 남산에 두고 간 목발이 수두룩했습니다. 사람들이 헌물로 바친 금반지, 금 귀걸이, 금목걸이가 '말'로 나왔습니다. 그 능력으로 자기 성을 쌓아 '신앙촌'을 만들었습니다. 그러다가 마지막에는 자기가 하나님이라는 망발을 서슴지 않다가 죽었습니다. 지금도 이와 같은 이단들이 맹위를 떨치고 있습니다. 이들이 <u>능력이 없어 이단이 된 것이 아니라 능력이 많기 때문에 이단이 되는 것</u>입니다. 우리도 능력을 따라가면 잘못될 수 있음을 알아야 합니다. <u>중요한 것은 능력보다 '하나님의 뜻'입니다</u>. 하나님의 뜻이 무엇입니까? 하나님을 사랑하고, 이웃을 사랑하는 것입니다. 사랑의 실천이 없다면, 불법이요 거짓 선지자입니다.

내가 사람의 방언과 천사의 말을 할지라도 사랑이 없으면 소리 나는 구리와 울리는 꽹과리가 되고 내가 예언하는 능력이 있어 모든 비밀과 모든 지식을 알고 또 산을 옮길 만한 모든 믿음이 있을지라도 사랑이 없으면 내가 아무 것도 아니요 내가 내게 있는 모든 것으로 구제하고 또 내 몸을 불사르게 내줄지라도 사랑이 없으면 내게 아무 유익이 없느니라(고전 13:1-3).

듣고 행하라 하신 산상수훈 ···

행함이 능력입니다(24-29절)

예수님은 비유를 들어 행함의 중요성을 설명하십니다. 이 비유에 따르면, 말씀을 듣기만 하는 자는 '모래 위에 집을 지은 어리석은 사람'이고, 말씀을 행하는 자가 '반석 위에 집을 지은 지혜로운 사람'입니다. 예수님은 여기서 '지혜'의 기준을 말씀해 주십니다. 그것은 단순히 '말씀을 아는 것'이 아니라 '말씀을 살아 내는 것'입니다. 세상은 지혜를 '앎'의 차원으로 간주하지만, 예수님은 지혜를 '삶'의 차원으로 해석하셨습니다. 왜 말씀을 행하는 자가 지혜로운 사람일까요? 하늘의 지혜는 말씀대로 사는 자에게 주어지기 때문입니다.

또한 '앎의 신앙'과 '삶의 신앙'은 시련이 닥쳤을 때에 그 차이를 드러냅니다. 모래 위의 집이 비바람과 홍수에 쉽게 무너지듯이, 앎에서 머무는 신앙은 시련 앞에 무기력합니다. 그러나 삶의 신앙은 반석 위에 세운 집처럼 견고하게 시련을 버텨 낼 수 있습니다. 다시 말해서, 예수님의 비유는 행함이 지혜요, 행함이 능력이라는 것입니다. 말씀이 머릿속에만 머문다면, 그것은 능력을 나타낼 수 없습니다. 우리가 말씀을 살아 낼 때에라야 우리의 삶에 하늘의 지혜가 임하고, 하늘의 능력이 나타나게 될 것입니다.

1955년 미국 오레곤 주(州), '유진(Eugene)'의 마을회관에서 영화를 상영한다는 광고를 했습니다. 이 광고를 보고 마을 주민들이 모여 들었고, 사람들의 기대 가운데 영화가 시작되었습니다. 영화는 한국전쟁으로 인해 생긴 고아들의 참상을 소개하며 이들을 돌보아 줄 손길이 필요하다는 홍보용 다큐멘터리였습니다. 대부분의 많은 사람들은 재미없다고 투덜거리고 돌아갔지만, 그 영화를 보면서 눈물을 흘린 한 부부가 있었습니다. 그 부부의 머리에서는 다큐멘터리 내용이 떠나질 않았습니다. 추운 겨울에 신발이나 겉옷도 없이 떨고 있는 한국 아이들의 불쌍한 모습이 눈에 계속 아른거렸습니다. 그리 넉넉지 못한 형편 때문에, 이 부부는 자신들이 도울 수 있는 일이 아니라고 생각했습니다. 그런데도 마음이 점점 뜨거워지고 간절해졌습니다. 생각하면 할수록 추위에 떨고 있는 가여운 전쟁 고아들이 불쌍하게 느껴졌습니다. 부부가 함께 기도하기 시작했고 드디어 결단했습니다. 부부는 자신들의 전全 재산인 농장을 팔았습니다. 그리고 직접 한국으로 건너와서 여덟 명의 고아들을 양자로 입양해 갔습니다. 이 사실이 신문에 보도되자 여러 사람들이 돕겠다고 나섰습니다. 또 어떤 사람들은 자신들도 한국의 전쟁 고아들을 입양하게 해 달라고 부탁했습니다. 그래서 이 부부는 생업을 버리고 이 일에 헌신하게 되었습니다. 그 사람의 이름은 '해리 홀트 Harry Holt'였습니다. 그 이름을 따서 '홀트 아동복지회'가 시작된 것입니다.

Love in Action

사랑을 행동으로

홀트 아동복지회의 정신은 '사랑을 행동으로'입니다. 그렇습니다. 사랑은 명사名詞가 아니라 동사動詞입니다. 행함이 없는 사랑은 거짓된 사랑입니다. 산상수훈을 듣고 배운 우리의 응답은 마땅히 이런 응답이 되어야 합니다.

너희는 말씀을 행하는 자가 되고 듣기만 하여 자신을 속이는 자가 되지 말라(약 1:22).

말씀은 살아 낼 때 능력이 되는 것입니다.
기독교 신앙의 결론은 '행함'입니다.

착한 행실을 보여라 하시니
　빛과 소금 되겠습니다.

형제와 화목하라 하시니
　화해하겠습니다.

간음하지 말라 하시니
　성결하게 살겠습니다.

맹세하지 말라 하시니
　헛된 맹세하지 않겠습니다.

악한 자를 대적하지 말라 하시니
　악을 선으로 갚겠습니다.

원수를 사랑하라 하시니
　도저히 안 되지만 울면서라도 그리하겠습니다.

은밀하게 구제하라 하시니
　구제하며 살겠습니다.

은밀하게 기도하라 하시니
　기도하겠습니다.

듣고 행하라 하신 산상수훈 …

은밀하게 금식하라 하시니
　티내지 않고 금식하겠습니다.

보물을 하늘에 쌓으라 하시니
　하나님을 위하여 물질을 사용하겠습니다.

염려하지 말라 하시니
　모든 염려 주께 맡기고 먼저 그의 나라와 의를 구하겠습니다.

비판하지 말라 하시니
　비판하지 않겠습니다.

구하고 찾고 두드리라 하시니
　간절히 기도하겠습니다.

좁은 문으로 들어가라 하시니
　힘들고 어려워도 그리하겠습니다.

결론은 행동이다 행하라 하시니
　행동하는 신앙인이 되겠습니다.